小学館文庫

うらさだ

さだまさしとゆかいな仲間たち

小学館

はじめに

〝さだまさし〟って何だろう?

ある人にとっては『関白宣言』や『精霊流し』を歌う歌手であるかもしれないし、ある人にとっては『かすてぃら』や『解夏』を書いたベストセラー小説家かもしれない。詩人と思っている人もいるだろう。またある人にとってはテレビのキャスターかもしれないし、コンサートのトークにハマっている人もいるかもしれない。たまに見かけるニコニコしているオジサン程度の認識の人もいるだろう。

コンサート回数は日本一で4600回超。今まで作った曲は600曲以上。かつて背負った借金は利子を含めて35億円。2023年でデビュー50周年。数字を羅列してもやっぱり〝さだまさし〟は見えてこない。

ところが、〝さだまさし〟によって人生が変わったという人たちが、有名無名を問わずたくさんいる。それが歌であれ、本であれ、テレビであれ、〝さだまさし〟に触れた人は少なからず影響を受けている。〝さだまさし〟っていったい何だろう――。

僕と〝さだまさし〟との出会いは、45年前に遡《さかのぼ》ります。小学校5年生の時に、生まれて初めて行ったコンサートが、さださんでした。その時、強烈な印象を受けたのですが、さださんの〝凄《すご》さ〟に気づいたのは、もう少し後のことです。30歳を過ぎて、さださんのベストアルバムばかり聴いていた時期があります。不覚にも『親父の一番長い日』で涙してしまったこともあります。僕がミュージシャンの目から〝さだまさし〟を眺めてみてかろうじてわかったのは、「さだまさしは唯一無二のジャンル」だということです。さだまさしの前にさだまさしはいないし、さだまさしの後にもさだまさしはいません。

植村花菜さんをプロデュースすることになり、彼女と話をしていると、おばあちゃんに教わったという『トイレの神様』の話が飛び出しました。その瞬間、「あ、これはさだまさしだ」と思いました。〝さだまさし〟というジャンルなら、歌にできる、と。僕は彼女に、この話を曲にするように勧め、9分52秒という長さの『トイレの神様』（2010年）が生まれました。

2011年10月、僕は33年ぶりにさださんのコンサートに行きました。終演後、楽屋に挨拶《あいさつ》に行き、直接伝えたかったお礼を言いました。

「さださん、『トイレの神様』はさださんの影響でできました。本当にありがとうございました」

そこから関係が始まり、さださんとプライベートでもご一緒するようになりました。2018年2月の僕のバースデーライブ「50歳／50祭」のゲストに出ていただいたのですが、終演後のことです。楽屋でさださんから唐突なひと言を浴びせられました。

「寺岡、俺、今年45周年（当時）なんだけどさ、なんか面白いことやらない？」

僕はその言葉の意味をよく理解しないまま即答していました。

「はい、僕にできることがあれば！」

その話を聞きつけた出版社の人から「さだまさし本」を創らないかとのオファーがありました。

それを受け、僕は企画書を書きました。そのタイトルは「〝さだまさし〟への旅」というものでした。

〝さだまさし〟って何だろう？　きっと〝さだまさし〟になるまでにいろんなプロセスがあったはずだ。だったらそれを解き明かす冒険の旅に出ればいい。そう思ったのです。〝さだまさし〟の謎を解明する「さだまさし解体新書」を作ろう、と。

冒険のスタートは、「〝さだまさしの素顔〟を知る」人たちに、話を聞きに行くことでした。45年来の知己である笑福亭鶴瓶さんから、さださんと知り合って間もない堀江貴文さんまで、幅広いジャンルの人たちに会い、同じ疑問をぶつけました。

〝さだまさし〟っていったい何だろう？

彼らの語る〝さだまさし〟によって、「ミュージシャンさだまさし」「作家さだまさし」の〝凄さ〟が浮き彫りにされていきますが、何より熱く語られているのは、「人間さだまさし」についてです。生き方の凄味みたいなものが、それぞれの方の目を通して、露《あら》わになっていきます。

この本は決して、〝さだまさし〟のファンのために作られた本ではありません。〝さだまさし〟という希《け》有《う》な存在を、様々な視点から説き明かそうとした本です。書かれていることは「さだまさしのトリビアな情報」ではなく、それぞれが勝手に受け取った「さだまさしという生き方」についてです。僕自身、さだきんのことを知ったつもりでいましたが、この中には、僕の知らないさださんがたくさんいます。

この本は、「さだまさし？　誰それ？」という人たちにこそ、手に取ってほしいと思っています。

ファンであろうが、ミュージシャンだろうが、サラリーマンだろうが、スポーツ選手だろうが、主婦だろうが、学生だろうが、男性だろうが、女性だろうが、10代だろうが、還暦を過ぎていようが、この本で間接的に〝さだまさし〟に触れてしまったすべての人たちが、それぞれの〝生きるヒント〟を見出《みいだ》してくれるんじゃないか。そう願っています。

笑福亭鶴瓶、立川談春、高見沢俊彦、鎌田實、小林幸子、ナオト・インティライミ、カズレーザー、泉谷しげる、レキシ、若旦那、堀江貴文、『生さだ』スタッフ……。

まずは彼らが語る〝さだまさし〟に、一緒に会いに行きましょう！

案内人　寺岡呼人

てらおか・よひと／1968年広島生まれ。88年にJUN SKY WALKER（S）のベーシストとしてデビュー。93年ソロデビュー。並行してプロデュース活動を行ない、「ゆず」などを手掛ける。2001年、自身を中心とした3世代が集うライブイベント『ゴールデンサークル』を立ち上げ、松任谷由実ら多数の著名アーティストが参加。2018年には奥田民生、斉藤和義らと新バンド「カーリングシトーンズ」を結成。

もくじ

セッション2

親しまれるチカラ

セッション3

生み出すチカラ

セッション1

しゃべるチカラ

予定調和がないトークの腕はトイレも忘れる「名人の域」

笑福亭鶴瓶×立川談春

ダウンタウンの松本が「しゃべりを崇拝」

談春　鶴瓶師匠と「さだまさし」を肴《さかな》に語るなんて、いいんですか？　こんなことしちゃって。でも、読者の皆さんの多くは、鶴瓶師匠とさださんの関係がわからないんじゃないですかねぇ。もともと、師匠の一方的なラブコールから関係が始まったってんでしょ？

鶴瓶　そうそう、そうやねん。僕が最初に持ったラジオが名古屋なんですよ。東海ラジオの『ミッドナイト東海』[*1]（‖部の註は52頁から）っていう番組。大阪人からすると名古屋ってキッツイところで、大阪と東京のど真ん中だから微妙なプライドがある。だからって名古屋に媚《こ》びるつもりもないし、「こんばんは。笑福亭鶴瓶でございます」って普通にやってたんやけど、その時の定宿が繁華街にある老舗ホテル。でね、このホテルに仲のいいフロントマンがいて、俺がさだまさしのこと、好きやって知っているから、ある時、「今日さださん、泊まっていますよ」と耳打ちしてくれた。

談春　師匠とその方の間に特別な人間関係があったから教えてもらえたんでしょうね。いつ頃の話ですか？

鶴瓶　ちょうど映画『長江』[*2]をやってた頃かなあ。でな、さだまさしが泊まってることに驚いて「うわー」って口にしたら、「なんかメッセージ書きませんか」と言ってきた。「そんなん失礼でしょ、会ったこともないのに」って言いつつも、まあちょこちょこっと書いた。そしたら、そしたらな、あの男、深夜の生放送に飛び入りで来よったんですよ。

談春　この話、まさしさんからも聞いたことあるんですけど、まさしさんいわく、打ち上げが終わって深夜1時過ぎにホテルに帰ってきたんですって。そしたらフロントマンから手紙を渡された。まさしさん、落語好きだから「笑福亭」に反応した。

「笑福亭鶴瓶……誰この人？」

「今、ラジオやってます」

「何時まで？」

「3時まで」

「いこいこ」

ということになって、鶴瓶師匠がしゃべっているスタジオの中に、突然乱入したっていうんですすよ。

鶴瓶　びっくりしたわぁ。この人、何すんねんって。でもそこで意気投合して。この番組の時はいつも同じホテルだったから、まっさんとたびたびホテルで顔合

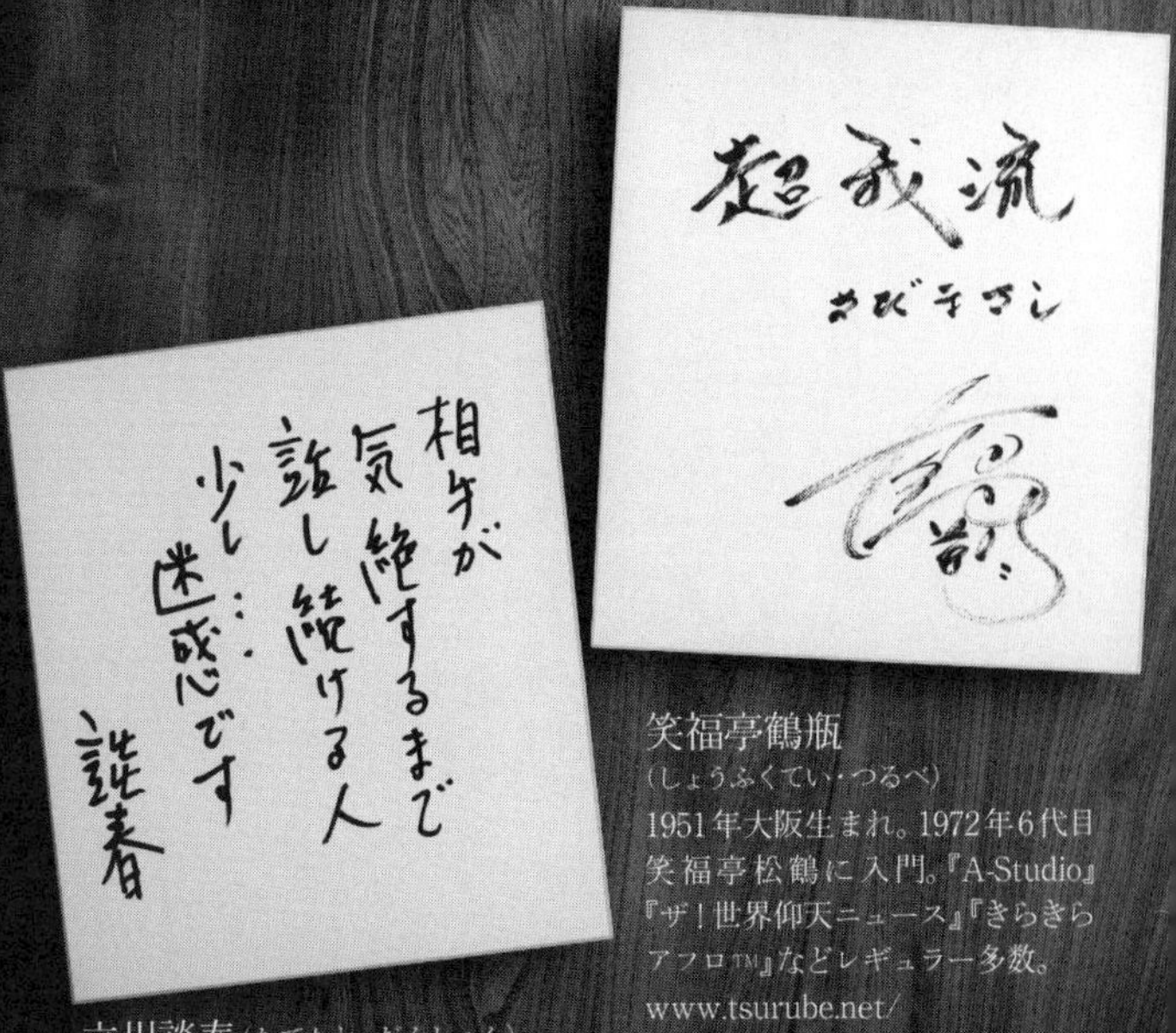

笑福亭鶴瓶
（しょうふくてい・つるべ）
1951年大阪生まれ。1972年6代目笑福亭松鶴に入門。『A-Studio』『ザ！世界仰天ニュース』『きらきらアフロTM』などレギュラー多数。
www.tsurube.net/

立川談春（たてかわ・だんしゅん）
1966年東京生まれ。1984年立川談志に入門。1997年真打に昇進。「国立演芸場花形演芸会大賞」など受賞、「新世代の名人」と評される。
dansyun-tatekawa.com/

わせるようになった。でな、ある日、まっさん、飯食いながらマネージャーとしょうもないダジャレの大会みたいなのをやっている。で、仕事終わって帰ってきたら、まだやってた。いつまでやってんねん！（笑）

談春　それ、ホテルプラザ[*3]じゃないですか？

鶴瓶　いやいや違うねん、そのホテルでもやっとったんよ。

談春　プラザはあれですよね、朝の10時から、桂小米朝[*4]兄さんとか、横山ノック[*5]さんとか、会う人、会う人としゃべり続け、鶴瓶師匠が夕方5時に仕事が終わって戻ってきても、まさしさんずっとそこにいたという（笑）。

鶴瓶　プラザの時は、もんたよしのり[*6]さんもいてな。まっさん、真顔で、「小さい時、稲佐山から何も着けずに飛んだ」って言うんや。嘘つきやろ？　そしたら、もんたさん、「さだは飛んだと思うわ」って本気にして（笑）。

談春　その話が『虫くだしのララバイ』[*7]になってしまった（笑）。

鶴瓶　急に思い出したけど、この間びっくりしたのが、まっさんから電話かかってきて、「鶴瓶ちゃん、今、大阪？　この間のところで飲んでいる」って言うわけ。

「誰と飲んでんねん」って言ったら、なんとダウンタウンの松本。で、後日3人で飲んだんやけど、松本はさだまさしを「崇拝してる」って言うから、「お前、それ間違ってるで！」って言ってやった（笑）。

談春 テレビでも*8「『道化師のソネット』が好きだ」って言ってましたね。

鶴瓶 あのダウンタウンの松本が、さだまさしを崇拝し、しかもまさしのしゃべりも好きやって言うんやで？ そりゃ誰を好いてもいいけど、しゃべりは松本のほうがすごいやろ？ それなのに、「あのしゃべりがすごい」と言うてね。「松本、お前、誰褒めてんねん。さだまさしはお笑いちゃうで」って注文つけといた。

談春 われわれ、まさしさんとずっと付き合ってますから、尊敬が薄れてるんですよ（笑）。いいこと言うんです、まさしさん。でもひと晩中、耳元でしゃべられると、もういいんじゃないのって思ってしまう。あの方、相手が気絶するまで話し続けるところがあるから（笑）。ただ、たまに会うとやっぱり驚かされますよ。どんな話題を振っても、自分の引き出しからサッと面白いネタを出してきますから。

『半沢直樹』の撮影前夜の酒宴で……

鶴瓶　ところで談春はいつ頃からなの？

談春　僕は中学生の時ですね。その頃、『道化師のソネット』がテレビCMで流れたんです。航空会社のCM*9だったんですけど、噴水があったんで、場所はシンガポールかなあ。噴水をバックに流れていた声があまりにキレイで、「なんだこりゃ」と思ったのが最初。それで、『セイ！ヤング』*10も聴いてみたんですけど、あまりにも歌ってる時の声と違う。これはもう、さだまさしじゃないと決めつけて（笑）。でも、好き勝手なことを言っていて、しかも面白い。で、最後に「お相手はさだまさしでした」と言うから、「この人はいったい、どうなってるんだ」と思って。最初の頃は顔も知らない（笑）。

鶴瓶　あの人の歌う声、高いから。

談春　それで、さだまさしにハマっていくんですけど、「どうやらさだまさしを堂々と好きと言っちゃいけない」ということに気づく（笑）。当時、さだまさしファンは「隠れまさしタン」[*11]と言われていた。僕は中学生の頃から落語の本を読むような落語好きの少年で、かつ、さだまさし好き。どちらも絶対に人に言えなかった(笑)。大人になってても口にしなかったんですが、落語家の二つ目[*12]の時に、テレビの番組で市川(千葉県)のお寿司屋さんに取材に行ったんです。そしたらそこの大将が、「うちにはよく、さだまさしさんが来てるよ。紅白の帰りはうちの寿司食って帰るんだ」と言う。「ええ!」って驚いてたら、そのやり取りを見ていたディレクターが、「さだまさしさん、好きなの? 俺、さださんの番組やってるよ」ってことで、この人が僕を厚生年金会館に連れて行ってくれたんです。コンサートの控え室に挨拶に行ったんですが、まさしさんはほら、落語好きで談志[*13]好きだから、それ以来、すごくかわいがってくれて。

鶴瓶 それがいつぐらいなん?

談春 二つ目になった頃だから、昭和の終わり……35年くらい前ですかねぇ。

鶴瓶 俺が談春と知り合ったのは、まっさんの紹介やろ?

談春 正確に言いますと、さだまさしと鶴瓶師匠、さだまさしと談春の組み合わせはずっとあったんですよ。で、僕と鶴瓶師匠もその前に会ってるんです。僕がまさしさんに会うと鶴瓶師匠の話題が出るし、鶴瓶師匠と会うとまさしさんの話題が出る。まさしさんと鶴瓶師匠が会うと僕の話題が出る（笑）。ところがなぜか、3人揃《そろ》って顔を合わせたことがなかった。結局、3人揃って会ったのが10年前ですよ。

鶴瓶　10年前？　そやな、ドラマの撮影が始まる時やから。

談春　盛り上がりましたねぇ。まさしさんと2人でも盛り上がるのに、鶴瓶師匠と3人でしょ？　もう酒宴が始まった時から、終わる気がしない（笑）。夜の9時にスタートして……あれ、11時回ってましたよね？

鶴瓶　そやそや。

談春　師匠とまさしさんの会話を再現しましょう（笑）。

「まっさん、帰してくれや」

「なにが」

「明日、早いねん」

「なにすんの」

「ドラマやねん」

「いいよ、ドラマなんて」

やっぱりひどいなぁ、さだまさし（笑）。ここからさらに盛り上がって、時計は12時。

「もう帰してくれ、ドラマやねん」

「どんなドラマなの？」

「なんかようわからん。『半沢直樹』[14]って言うんやけど、こんなん当たるか？」

「どんな役なの？」

「なんかドラマ始まって15分くらいで首吊《つ》るねん」

「なにそれ、鶴瓶ちゃん」

鶴瓶　そやねん、首吊る役[15]やねん。香川照之[16]にいじめられてな（笑）。

談春　鶴瓶師匠が「こんな役、普通の役者さんがやるわけないわな」と言ったら、まさしさん、ひどいことを言う。

「鶴瓶ちゃん、仕事選びなよ」

「まっさんは役者、やらへんなあ」

「やらないよ、そんなの」

さらにまさしさんらしからぬ駄目押し。

「1回出るだけだろ？　いいじゃん、首吊ればいいんだから。ちゃっちゃとやって、裏でべっと舌出しときゃいいんだよ」

初めて3人で飲んだのに、よりによってこんな話でゲラゲラ笑ってどうなの？　って思いましたよ。そんなこんなでさらに1時間。すでに深夜1時を回ってる。

そしたら師匠がひと言。

「帰してくれ！　首吊る前に死んでまうわ」

鶴瓶　ほんま、あの男、しつこいねん（笑）。

談春　これがあの伝説のドラマ『半沢直樹』の撮影初日の前夜の話なんですから（笑）。で、放送が始まったら、鶴瓶師匠の態度も豹変《ひょうへん》していた。会った時に「師匠、『半沢直樹』、すごいじゃないですか」と言ったら、「談春、見てくれや」ってカバンから何か出してくる。

「なんですかこれ」

「これが半沢のネジやねん」

「師匠、『こんなドラマ、視聴率10%とったらエエとこや』って言ってたじゃないですか」

「そうか？ こないだ、その工場まで行ってきてな。作ってるネジ、もらってきた」

ドラマで使った「半沢ネジ」を師匠、誇らしげに見せるんです。

「師匠これください」

「あかん、これ1本やから」

ところが師匠、本当は200本くらい持っていて、いろんなところで、「これがあの半沢のネジやで」と配ってまわっていた(笑)。この話はさらに続きがあって、『半沢直樹』の2年後に、同じスタッフによって作られた『下町ロケット』*17に僕が出演するんです。

鶴瓶　絶対、ドラマには出たほうがエエよ。さだまさしとは関係ないけど、噺家《はなしか》がドラマ出るというのは、機会が限られてるわけでしょ？　だからオファーが来たら絶対に出たほうがいい。落語に対してもいい影響がある。枕*18で使ったら客も喜ぶしね。

談春　そう簡単に言えるのは、師匠だからですよ。だって師匠は、ドラマに出始めの頃、緒形拳さんに鍛えられたって人ですからね。主演映画『ディア・ドクター』*19では映画賞を総なめ。おまけに山田洋次監督の映画『おとうと』*20では、あの吉永小百合さんとW主演。

鶴瓶　まあそうやけど（笑）。

談春　まさしさんも負けてない。初主演で音楽監督も務めた映画『翔べイカロスの翼』*21でゴールデン・アロー賞大賞と音楽賞を受賞している。あれ、20代ですから。師匠もそうですけど、まさしさんも極めるというか、針が振り切れるというか。『関白宣言』*22とか、『防人の詩』*23とか、映画『長江』とか、本人そんなつもりないんでしょうけど、随分針を振り切っている。

鶴瓶　まっさんはあれやな。本人、世間とケンカするつもりはないんだろうけど、いつも何かに腹を立ててる。生き方がロックや。戦ってる。いまだに若い。そういうところが好きなんやけど。

『家族に乾杯』の前身番組で見た素顔

鶴瓶　『家族に乾杯』*24ってあるやろ？　あれを作ったのは、さだまさしですからね。『ぶっつけ本番二人旅』*25っていって、最初に二人で旅したんです。でも正直言うて、まっさん、番組に全然似合ってないねん。人と触れ合おうとしないから。

談春　ああ、人見知りってことですね？　ああ見えて、なぜかまさしさんはすっごい人見知りなんですよね。

鶴瓶　だから道歩いていても、歴史の看板とかそういうのばっかり見る。神社の由来とかね。前から来た人を避けて、石碑に寄っていく（笑）。だからどっちかって言うと、『ブラタモリ』*26みたいなのが合ってる。『ブラまさし』ってどう？　ものもよう知ってるし。最初のロケの時、スタッフに言ったんです。「さだまさしにこの番組は似合うてへんよ」って。もともとまっさんありきの企画だから、俺も続けるつもりはなかったけど、スタッフが「やってくれ」って言うから、「しゃあない、やるわ」って引き受けた。その代わり、ひとつだけ条件をつけた。「絶対に作らないでくれ」と。

談春 仕込むなよ、と。

鶴瓶 だって最初、完全に仕込んでた。道を歩いていたら、川端でオッサンが鮎を串に刺して焼いている（笑）。そんな人います？　で、次に畑に行ったら、かぼちゃの収穫してるオバサンが、人生でこんなに化粧したの初めてだろうってくらいキレイにお化粧して（笑）。「こんな仕込みを続けるんなら、次はせえへん」って言ったんです。

談春 『ぶっつけ本番二人旅』で、まさしさん、歌ってましたよね？

鶴瓶 そうそう。まっさんは絶対、歌ったほうがエエ。もう絶対に番組中に歌ってもらおうと思って、即席野外コンサートをやろうと思いついた。それで町の音楽をやってる人を集めてギターを借りたり、音響整えてもらったり。でも考えたら、ライティングがない。日は落ち始める。「どないしよ」と思っていたら、たまたま工事現場用の大きいライトを荷台に載せたトラックが、目の前を通った。で、それを追いかけた。

談春 追いかけた⁉ たまたまそういうライトがあったんじゃなくて、通り過ぎたのを追いかけた(笑)。

鶴瓶 それを貸してもらって。トラックをバックに、ライティングして、そこでさだまさしが歌った。これがものすごい手作り感が満載で、その夕日の中のライティングがものすごいよかった。で、あの人の歌が、またエエんや。

談春 あの時は『Birthday』*27でしたね。

鶴瓶 そうそう。あれ、合うな。やっぱり歌ってこそのさだまさし。

談春 さだまさしを口説きたくて、NHKは何年もかけたんでしょ? そしたら、まさしさんが「鶴瓶ちゃんとならやる」と。その鶴瓶師匠はまさしさんに「あんた向いてないわ」と言う。考えてみたらすごい話ですね(笑)。

被災地の市長とのケンカを仲裁

鶴瓶 さだまさしの歌はすごい。番組で聴いて、改めて感じた。歌があると、やっぱり感動すんねんな。まっさんのすごいところは、その感動をみんなに届けようとするでしょ。今、いろんなところで災害が起こってるけど、まっさん、必ず行ってる。お父さんとお母さんの育て方がよかったんかなあ。無理矢理行ってるわけでもないし、仕事として行くわけでもない。ほんまに行きたいから行ってる。俺もいろんなとこに行くけど、どの町に行ってもさだまさしのポスターがある（笑）。

談春 そもそも『生さだ』*28もあれ、すごいですよね。深夜のあの時間に、音響もそれほどいいわけじゃなくて、あの見切れの中で、あの大御所クラスのアーティストが生で歌うかっていったら、普通は歌わないですよね。でもよく考えたら、若手の頃は皆それでも歌えれば良かったわけでしょ？『生さだ』でまさしさんは、自分を初期設定に戻している。

鶴瓶　そういうことなのよ。

談春　鶴瓶師匠の『家族に乾杯』もそうですよね。常に自分を初期設定に戻すというか。「相手に喜んでもらう」という原点に戻るというか。そういうのが根っこにある。そういえば東日本大震災[*29]のあとも、『家族に乾杯』でまさしさんと石巻に行ってましたね。あのきっかけはなんだったんですか？

鶴瓶　あの時、石巻に行くことだけは決まってたんです。『家族に乾杯』で一度行ったところで、その人たちがどうなってるか心配で、会いに行きたかった。それでまっさんに電話したら、「いいよ、行くよ」とスケジュールを調整してくれた。別に会いに行くだけなら、テレビでなくてもよかったんです。でもテレビを連れて行ったら、「何もかもダメになったわけやない」「ここで頑張ってはる人がいる」ってことを伝えられるかなあと思って。

　旅の最後に、前回も訪れた洞源院というお寺に行ったんです。そしたら前に会ったおかみさんが出てきてこう言うわけ。

「何してんの、あんた！　遅いじゃないの！」

前に会った時から1年ちょっとしか経《た》ってないけど、えらい怒られた（笑）。この距離感、親戚の人みたいでしょ？　それで僕は落語をして、まっさんは歌を歌った。まっさんもわかってる。そういう意味では、まっさんと根本的なところで同じなんやな。

談春　でも市長相手のケンカをまさしさんに止められたんでしょ？

鶴瓶　そうそう。向こうの人が石巻市長に挨拶してくれって言うから、まっさんと2人で市役所に会いに行ったら、ものすごい広いところに市長が座っている。街中必死なのに……って思ったら腹が立ってきて、テレビカメラが回ってる前で、キレてしまった（笑）。

「どこ座っとんねん！　仮設で困ってる人がいっぱいいるのに、こんなとこに呼び出して!!」

そしたらまっさんに、「やめろ」とバーンと止められた。

談春　客観的に見れば、市長は市長室にいるのが当たり前ですから、悪いことしてるわけじゃない。「どこ座っとんねん！」と言いがかりをつけられても困る（笑）。

鶴瓶 そやねん（苦笑）。早合点したわ。

談春 まさしさんの怒りのポイントはどこなんですかね？ そういえば、茨城の川が氾濫[*30]した後、泉谷しげるさんと2人で訪れてましたが、泉谷さんも市長にキレたという（笑）。これでお肉でも食べてくださいとお金を渡したら、市長が「みんなでステーキを食べます」と。すると泉谷さん、「てめぇは食うんじゃねぇ！」

で、やっぱりまさしさんが「泉谷さん、うるさいから」と止めた（笑）。鶴瓶師匠も泉谷さんも権力に対して、敏感に反応してるわけでしょ？ どっちの市長もそんなつもりは毛頭ないけど、そういうニオイを勝手に感じ取ってしまった。まさしさんの場合は、「ズルイ」ことに反応している気がします。

今、効率化とか、時間短縮とかが重視され、最短距離を走ってゴールしたほうが評価される時代です。無駄は徹底的に省け、と口々に言う。でも伝統的なワザは、効率化では身につかない。いっぱい無駄なことをして、ようやく得るようなところがある。たとえばまさしさんのヴァイオリン[*31]だってそう。落語が好きなのも、同じような理由があるのかもしれない。だから頭を使って要領よくゴールしようとするヤツを、まさしさんは「ズルイ」と腹を立てているような気がしますね。

下積み時代は「忖度の塊」だった

鶴瓶 われわれの下積みは、言ってみれば無駄ばっかりだから。

談春 「それを修行って言うんじゃないの?」というのがまさしさんにはある。芸や伝統に裏口入学はないよ、と。

鶴瓶 無駄が大事だっていうふうに育ってきたからね、こっちは。師匠の言うことは絶対やし。

談春 忖度《そんたく》ですね(笑)。

鶴瓶 「この人(師匠)が喜ぶことは何だろう?」と始終考えてるのが、下積み時代ですからね。忖度の塊(笑)。

談春 師匠だって人間ですから間違える。間違ったことを言っちゃった時に、弟子に「しょうがねぇな」と思わせるのが師匠の芸。だいたい極めた人は、「この人すごいけど、滅茶苦茶だなあ」という人ばっかりです。落語界もそうですが、クラシック界なんてもっとそうだと思うな。

さっきから、「皆さだまさしのことを無茶苦茶なヤツだと思ってるよ」と、実は遠回しにチクリチクリとやってるんですが（笑）。

鶴瓶　まっさんは、言うても「超我流」やから。無茶苦茶にも「超」がつく。そやけど、俺は好きやから。俺はまっさんに最初に「好きや」と言うてしもうた。「好き」っていうのは、その人に「負けた」ってことだから。どんな無茶なことを振られても、この人のためだからやってあげたいと思う。そんな人、ぎょうさんいます？

談春　師匠以外には言えない台詞《せりふ》だなあ。まさしさんのことを評価する時に、歌がどうの詩がどうの、というのがあるけれど、そんなことじゃないんですね。ひと言「好きや」と。そして「好きだ」と思った瞬間に「負け」なんですね。でも師匠、そうとう無茶振りされてきたでしょ？　落語でも……。

鶴瓶　あれな。まっさんに洗脳されてたのかもしれんけど、会うたびに、まっさんに言われてて。
「鶴瓶ちゃん、あなたはね、人情噺*32が合うよ。絶対合うよ」

談春　落語っていうのは、落とし噺です。オチがあって面白い。人情噺っていうのは、まあバラードっぽいところがある。まさしさん、鶴瓶師匠には「人情噺が似合う」と言い、僕には「鶴瓶に絶対やらせるから」と言っていた。「当人はそう思ってないかもしれないけど、鶴瓶ちゃんは人情噺をやるべきだし、できる」って断言してましたから。

鶴瓶　私が落語を本格的にやり出したのは、50歳を過ぎてからです。他にもあるけれど、まっさんに耳元で散々言われ続けたのも理由のひとつやなあ。

談春　まさしさんには見えていたんでしょうね。本人も周囲も気づいていない鶴瓶師匠の何かが。

鶴瓶　そうかもしれん。最初は「この男、なに言うてるんやろ」と思ったからね(笑)。でも今では、『死神』*33も『山名屋浦里』*34も人情噺になってる。「人情噺が合う」っていうのは、俺がそういうもんを好きになるとわかってたんやろうね。

談春 そういえば、師匠がゴルフを始めたきっかけもまさしさんの無茶振りからだって聞きましたよ。

鶴瓶 その話な。まっさんが詩島*35買った時、遊びに行ったんだけど……。

談春 『雨やどり』*36が売れたから無人島を買ってしまったという話ですね。

鶴瓶 そこでな、まっさんが紙をガムテープでグルグル巻きにすんねん。これがゴルフボール（笑）。配水管の穴だかなんだかがあちこちにあって、その穴にガムテープボールを棒かなんかで打って入れる。ゴルフもどきのゲームなんやけど、何が楽しいねん！　しかもこれを飽きずに延々やり続ける。やめさせてくれない（笑）。

談春 島では逃げられないですからね。

鶴瓶 逃げられないし、まだ会って最初の頃でちょっと遠慮もある。「もうやめませんか？」と言ってみるんだけど、終わらない。そんなに打ち解けてるわけでもないから強くも言えない。今だったら「もうええやろっ、いい加減にせいや」

と言えるけど……。でもまあ、そこが面白いといえば面白い。まっさん、ずっと本気でやってんねん。

『赤めだか』は「昔のさだまさし」をやった

談春 談志もそうでしたが、あの人たちは馬鹿馬鹿しいことほど真剣にやるんです（笑）。でも鶴瓶師匠も結構、張り合ってますよね？ まさしさんと。雑談選手権のこと、聞きましたよ。

鶴瓶 ああ、雑談選手権（笑）。あれは九州のラジオの番組で、お題を出して面白いことをお互いに言い合うという企画だったんです。判定したのは太宰府天満宮*37の西《にし》高《たか》辻《つじ》宮司。まっさんの親友の宮司さんです。昔、ボクシングの採点する人で郡司さんという人がいて……。

談春 「宮司」と「郡司」をかけている（笑）。

鶴瓶 そういうのもルールも、全部まっさんが決めている。で、突然お題が出されてお互いにしゃべり倒す。まっさんに勝とうとか全然思ってなかったけど、宮司さんの採点は俺やった（笑）。宮司さんが気を遣ったのかもしれないけど、とにかく俺が勝った。あのさだまさしに雑談で勝ったんやで。

談春　だってこれ、小堺さん*38の「何が出るかな？」のサイコロトークのはるか前のことでしょ？　すごいなあ。

鶴瓶　それで雑談選手権のこと、上岡龍太郎さん*39に話したんです。これ、面白いから2人でやりませんかって。そしたら上岡さん、「いちいちお題で縛ってたら、狭くなる。あんたは普段しゃべってることがおもろいんやから、それでええやんか。ただの雑談しよ」と。でも「ぶっつけ本番で雑談します」と言ったら企画が通らないから、「雑談選手権」と名前をつけて企画を通して、特番でやってみた。それが受けて11年続いたのが『パペポTV』*40。

談春　『家族に乾杯』も『パペポTV』も大本はさだまさしだった（笑）。そういう意味ではまさしさん、プロデューサー的な側面がある。まあ面白がるのが得意な人ですよね。

鶴瓶　あの男にかかると、なんでも超我流で面白くしてしまう。詩島のゴルフもそう。ひと晩中ゲラゲラ笑って遊んでる。何が楽しいのか（笑）。で、こっちもツッコむと、向こうはますます乗ってくる。言い合いするのがまた面白い。今ではまっさんに遠慮なく物言ってますけどね。

談春　まさしさんは遠慮しているより、張り合ってくるほうが喜びますからね。本人も張り合いたい（笑）。『かすてぃら』[*41]もそうだと睨《にら》んでるんですけど、あれね、僕の『赤めだか』[*42]に対して腹立ったんですよ（笑）。

鶴瓶　どういうこと？

談春　あの本を出した時、まさしさんに「あの本、評判いいなあ」と言われたから、正直に言ったんです。「あ、あれね、『さだまさし』の文体で立川談春を書いただけですから」って。僕、学生の頃、写経するように、まさしさんのアルバムのライナーノート、一字一句ノートに写してたんです。よく、小説家志望の人が、芥川龍之介や夏目漱石を書き写すっていうでしょ？　あれを僕は、「さだまさし」でやったんです。そしたら後日、本を読んでくれたらしくて、「あれほんとに『さだまさし』だなあ」と言ってましたもん（笑）。「でも上手に隠してるでしょ？」

って言ったらうんうん頷《うなず》いてました。そしたらそのあと、『かすてぃら』が登場した。読んだら、まさしさんの20代の頃の文体（笑）。『茨の木』とか『解夏』[*43]とか、文体も引き出しもたくさん持っている人だけど、『かすてぃら』は昔のさだまさしだった。あれ、きっと『赤めだか』が悔しかったんです（笑）。しかし無茶苦茶な人に限って、くだらないことで人に張り合う（笑）。談志もさだまさしが大ッキライでしたから（笑）。

鶴瓶　そうなの？

談春　一度、聞いたことがあるんです。なぜですかって。そしたら、「さだまさしってのは、ウケてるんだろ？　歌手なんだから歌ってりゃいいじゃねぇか。なんでしゃべるんだよ」

談志がそれを知っているのもすごい（笑）。また、おかみさんが『秋桜』[*44]とか『無縁坂』[*45]がとっても好きで、「でも私は好きなのよ」って余計な茶々を入れる。「そういうことじゃなくてさ、歌ってろって伝えとけ」って言うから、ああこの人、俺がまさしさんと付き合ってるって知ってるんだなあって驚いた。談志は自分以外がウケるのが許せないんです（笑）。

鶴瓶　話戻すけど、『赤めだか』、あれはほんと、エエ本やな。あれ、うちのやつ（嫁）が最初に読んで、俺にも「いい本だから読め」と強く薦める。でも談春のことは知ってるし、落語界の下積みの話なんて、俺も同じような人生歩んでるからいちいち読まなくてもわかる。それでも飛行機の中でうちのやつに押しつけられて、することもないから仕方なく読んだ。そしたら俺、その場で嗚咽《おえつ》した（笑）。

談春　ドラマ化*46は鶴瓶師匠のお陰ですからね。師匠から突然、「絶対これは映像に残さなきゃいけない。俺がちゃんとしたるから、お前エエな」と言われて。

鶴瓶　旅行から帰ってきてからすぐに事務所の社長を説得して、「とにかくいい話だから」とあちこち説得に回ってもらった。

談春　ありがたかったですけど、ニノ*47が俺の役っていうのは無理がありました（笑）。あれも師匠が口説いたって噂《うわさ》を聞きましたけど。

鶴瓶　ニノと仲いいから言うたんや、「ニノ、お前、『赤めだか』せえ」って。そしたら「よくわからないですけど、はい」って。

談春 ありがたいですけど、ほんと強引なんだから(笑)。

志の輔兄さんが「やれるわけないだろ」

談春 勘三郎*48さんとまさしさんを繋《つな》いだのも、実は『赤めだか』なんです。勘三郎さんも読んでくれたらしく、それを自分の息子たちにも薦めてくれた。で、次男の七之助*49くんが嵐の松本潤くんと同級生で、その縁で松本潤くんまで話が伝わり、ラジオで本を紹介してくれたんです。そんな縁もあって、「談春コンペ」を開催した時に、勘三郎さんもご招待したんです。ついでに志の輔*50兄さんとまさしさんにも声をかけた。誰かひとりでも来てくれたら、友だちに感心されるんじゃないかという下心で(笑)。そしたら全員来た。で、勘三郎さん、まさしさん、志の輔兄さん、僕の4人で回ったんです。9ホール回ったんですが、そのほとんどが勘三郎さんとまさしさんの会話。終わったあとの勘三郎さんの話がふるってるんです。

「さださんってああいう人なんだねぇ。面白いねぇ。大丈夫なの? ずっとしゃべってたけど。……でもああいう人だから、ああいう歌が書けるんだね」

さださんと勘三郎さん、すっかり意気投合して、「来年、何か面白いことしよう」と言い合っていたんだけど、1年経たないうちに勘三郎さんが亡くなってしまった。実は談志が亡くなった時、中村屋さんだけが追悼の会をやってくれたんです。正確に言うと、中村屋さんだけにしか遺族が許さなかった。そんな縁もあってなった。歌舞伎の皆さんに、志の輔兄さん、談春、そしてさだまさし。夕方5時——途中の話をはしょりますが、いろんな理由で松本で追悼の会*51をやることに開演で、大トリは志の輔兄さん。兄さん、「さださんの後に、やれるわけないだろ」と言うから、謙遜してるのかと思いきや、「さださんが長く引っ張ったあとでお客さんがボーッとしているのに、やれるわけがない」。よくわかってる（笑）。

開演20分前。まさしさんは相変わらず、「俺何やるの？　しゃべるの？」と緊張感がない。志の輔兄さんだけがピリピリしている。そしたら鶴瓶師匠が突然、「来たで〜」。ああ、来てくださったんだと感動しましたが、すぐに「これは終演、11時だな」と（笑）。

鶴瓶 『いいとも!』*52で新宿やったから、終わってスーパーあずさに乗ったら松本はすぐやろ?

談春 でも次の日は『家族に乾杯』の収録日だったんですよね。僕、だから師匠に言いましたもん。「絶対、明日の収録のことはまさしさんに内緒ですよ」って。あの人、そんなおいしい話を耳に挟んだら、帰さない(笑)。実際、帰さなかった。まさしさんのコーナーなのに、まさしさん、鶴瓶師匠と僕を巻き込んで、3人でトーク。師匠、トーク中もカバン背負ってましたもんね。「もう帰らなあかんねん」って。そしたらそれを見ていた志の輔兄さん、「その前に俺を帰してくれー!」で大爆笑(笑)。で、僕、この追悼の会でまさしさんに頼んでいたんです。『LIFE』*53という歌をノリさん(勘三郎)のために歌ってくれませんかって。そしたらまさしさん、当日になって、「うーん、『LIFE』でもいいんだけどさ、なんかさ、作ってきたんだよ、今日のためにさ。だめかい? それじゃあ」で披露したのが『残春』*54。

鶴瓶　おぉ。

談春　映画の主題歌になった曲なので、たまたまタイミングが合ったのかもしれないけれど、『残春』の初演は松本。メロディも世に出回った『残春』とは若干違っていました。それを聴いて、中村屋の田中社長も志の輔兄さんも泣きそうになって。

鶴瓶　あれは「素晴らしい会だった」ってみんな言うね。

談春　それでも、もうちょっと何とかならなかったのか（笑）。遠方から来た人はホテルを押さえていたからいいけど、長野市方面から来た人は、最終の特急に間に合わなかった。近くだから帰れると油断していた（笑）。

鶴瓶　悪かったなあ。

談春　いやいや、鶴瓶師匠じゃないですよ。時間を延ばすのはいつも、さだまさしです（笑）。大変だったのは大トリの志の輔兄さんです。しかも選んだネタは、大ネタの『中村仲蔵』[*55]。なんとさだまさしより長かった（笑）。志の輔兄さんの噺が終わった時には、鶴瓶師匠は東京に着いてますから。

「さだまさし」は柳家三亀松?

鶴瓶 たしかにまっさんのコンサートは長い*56(笑)。そういえば以前、まっさんがコンサートに来て言うから行ったんよ。まっさん、いちばん端の席を取ってくれた。ファンには俺がまっさんの友だちだって知られてるから、ヘンに目立って客席がざわつくのも迷惑だし嫌やと思って、帽子を深くかぶったまま座ってた。そしたら横並びのシートの真ん中のほうに座ってた客が立ち上がって、俺に向かって近づいてくるから、バレたかなと思ったら違った。「うちの人、おしっこ近いんです。席、替わっていただけませんか」やって(笑)。「いいですよ」と替わってあげたけど、俺も近いねん(笑)。実は次の日、落語の独演会があった。隣に座ってたおばちゃんが、俺と気づいて、「アンタ、明日独演会ちゃうの? こんなとこ来ててエエの?」って。

談春 師匠、どれだけ心配されてるんですか。

鶴瓶 だから「(明日)ちゃんとやってきます」って言うて。

談春　いやいやおかしいでしょ、「やかましい」とか言えばいいのに（笑）。
鶴瓶　独演会より心配なことがあるのよ。
談春　おしっこが（笑）。
鶴瓶　しゃべりが長いやろ？　歌がまたトイレに行きたくなるような歌が多いし（笑）。でも3時間もったね。
談春　誰がですか？
鶴瓶　俺が。
談春　替わってあげた人のことが心配なのかと思ったら、自分のことだったという（笑）。
鶴瓶　その人は端やからすぐに出られる。俺はもう66歳（当時）やで。でも最後までもった。まっさんのしゃべりがおもろいから、トイレのこと忘れてしまった。
談春　そうか、きっと冷めて素に戻っちゃうと尿意を催すんですね。その世界に惹《ひ》き付けられている限りは、尿意もどこかにいってしまう。
　しかしこうやって師匠を目の前にして話していると、つくづく俺は大変な世界に入ってきたなあと思いますよ。

鶴瓶 なんで？

談春 だってこんな面白い人たちと同じ土俵にのぼらないといけないんだから。しかもまさしさんなんて本業は歌手ですから（笑）。談志じゃないけど、トークの腕を磨きすぎてる（笑）。

鶴瓶 たしかに昔より面白くなってる。最初の頃は、まっさんも「決め」でトークをやってたんちゃうかな。予定調和のお笑いというかな。「決め」はある程度の人なら誰でもできるんです。でも今のまっさんは、予定調和じゃないものを、その場でどんどん繰り出してくる。

談春 バンドのメンバーがまさしさんのトークで吹き出してますもんね。

鶴瓶 予測不能なわけやから。「決め」を捨てて飛べるっていうのは、すごく面白い。まっさんも、そのコツを摑《つか》んでいる気がする。

談春 だてに4600回もコンサートをやってるわけじゃない。下手すると、そのへんの落語家より回数こなしてますから。お客さんと一緒に、まさしさんが成長しているのかもしれませんね。で、すごいのは、ファンとともに年を取ってファンしかわからない笑いに終始するんじゃなくて、20代の新しいファンが来ても、うら若き女性が来ても、しっかり笑いを取っている。

談春　だからね、さだまさしは三亀松*57ですよ。

鶴瓶　ほら、すごいこと言い出した。三亀松。ミッキーマウスじゃなくて三亀松(笑)。

談春　まっさんは、三亀松の域に達していると思ってな。さだまさしは平成の三亀松や。歌もしゃべりも名人の域。

鶴瓶　なるほどそういうことですか。初代・柳家三亀松は木場の職人の倅《せがれ》で、喉がいいってんで売れた。で、吉本興業に引き抜かれて、戦前の吉本の金看板になる。三味線漫談に都々逸《どどいつ》*58、粋曲《すいきょく》*59に粋談《すいだん》*60、新内《しんない》*61に形態模写。歌もうまけりゃ話もうまい。芸も達者。ひとつの枠に収まりきれないから、人呼んで「ご存知・柳家三亀松」。戦後は美空ひばり*62や石原裕次郎*63から「お父さん」と慕われた。三亀松は己の若き頃をうちの談志に見ていたという……。もひとつおまけで言うと、この三亀松に、後援者がある日、芸人になりたいというひとりの少年を引き合わせた。三亀松はひと言、「やめたほうがいいよ」。それがのちの山下達郎[*64]だという噂がある。もしここで止められていなかったら、山下達郎は芸人になっていた……って師匠、この対談どう収拾つけるんですか（笑）。

鶴瓶　そんなんエエねん、話がおもろかったらエエねん（笑）。

談春　十分面白かったので、じゃあここらへんで（笑）。

＊1――中京地域のラジオ局・東海ラジオ放送で放送していた深夜番組。笑福亭鶴瓶は1975年4月から8年間余り担当。

＊2――1981年公開のドキュメンタリー映画。さだまさしの初監督作で興行収入は5億円。制作費が膨張し利子を含めて35億円の借金を背負った。ブルゾンちえみのネタ「35億！」をさだまさしも好んで用いる。

＊3――かつて大阪に存在したホテル。1999年3月廃業。多くの著名人が定宿にしていた。

＊4――現在の5代目桂米團治。実父は人間国宝の3代目桂米朝。

＊5――横山ノック（よこやま・のっく／1932〜2007）。お笑いタレント。参議院議員を4期、大阪府知事を2期務めた。

＊6――シンガーソングライター。「もんた&ブラザーズ」で『ダンシング・オールナイト』を大ヒットさせる。

＊7――アルバム『夢の轍』（1982）収録曲。死んだ祖父からもらった魔法のマントで主人公は飛翔を試みる。

＊8――ダウンタウンの松本人志は『ダウンタウンのガキの使いやあらへんで!!』（日本テレビ系／2011・6・5）で、「今まででいちばん聴いてきたかもしれない曲」として『道化師のソネット』をあげている。『HEY！ HEY！ NEO！』（フジテレビ系／2018・4・9）ではさだ本人と共演し、同曲のファンであることを公言。同曲は主演映画『翔べイカロスの翼』（1980）の主題歌。

＊9――日本航空「JA LPAK'80」キャンペーンソング。

*10――『さだまさしのセイ！ヤング』（文化放送／1981～94）。毎週土曜23時から放送された深夜ラジオ番組。放送回数は600回を超えた。

*11――長崎の隠れキリシタンをもじって、さだの隠れファンをこう呼ぶ。さだファンは根暗のレッテルを貼られたため、大半がファンであることを隠していた。

*12――落語家の格付けは下から、前座、二つ目、真打。二つ目でようやく一人前と見なされ、テレビやラジオなどへの出演も許される。

*13――立川談志（たてかわ・だんし／1936～2011）5代目。1983年に落語立川流創設。『笑点』（日本テレビ）初代司会者。著書に『現代落語論』。立川談春の師匠。

*14――池井戸潤の小説を元にしたドラマ『半沢直樹』（TBS系）。堺雅人主演で「日曜劇場」で放送され（2013・7～9）、最終話が視聴率42・2％を記録するなど大ヒット。決め台詞「倍返し」は同年の「新語・流行語大賞」の年間大賞に。

*15――主人公・半沢直樹の父役（半沢慎之助）。「半沢ネジ」という町工場を経営していたが、銀行の「貸しはがし」で追い詰められ自殺してしまう。

*16――香川照之演じる銀行員・大和田暁は、半沢ネジへの融資の打ち切りを宣告し、半沢慎之助の自殺のきっかけを作る。

*17――池井戸潤の直木賞受賞作をドラマ化した『下町ロケット』（TBS系／2015・10～12、阿部寛主演）。立川談春は経理部部長・殿村直弘を熱演。ドラマは2015年の年間視聴率1位に輝いた。2018年10月から続編が放送された。

＊18――落語の導入に使う短い前振り。
＊19――笑福亭鶴瓶の主演映画（２００９／西川美和監督）。キネマ旬報日本映画ベスト・テン第1位、ブルーリボン賞主演男優賞など40以上の賞を獲得。
＊20――２０１０年公開。興行収入21億円の大ヒットを記録した。
＊21――１９８０年公開のさだまさし初主演映画。音楽監督も務めた。
＊22――１９７９年発表。１６０万枚を超えるシングル曲最大のヒット曲となったが、「女性蔑視」と叩かれる。
＊23――日露戦争を描いた映画『二百三高地』（１９８０）の主題歌。シングルとして発売され65万枚のヒット。「戦争礼賛」「右翼」と罵られた。
＊24――１９９７年3月から放送されている紀行・バラエティ番組『鶴瓶の家族に乾杯』（ＮＨＫ／毎週月曜19時30分～）。鶴瓶とゲストが各地を訪れ、地元の人と触れ合いながら旅をする。
＊25――特別番組『さだ&鶴瓶のぶっつけ本番二人旅』（ＮＨＫ）。１９９５年8月16日に第1回を放送。計3回放送された。
＊26――２００８年から断続的にＮＨＫで放送されているタモリの紀行バラエティ。現在は毎週土曜19時30分より放送。
＊27――１９９７年発表のシングル。『鶴瓶の家族に乾杯』主題歌。
＊28――『今夜も生でさだまさし』（ＮＨＫ）。さだまさしが深夜、ラジオのディスクジョッキースタイルで送る生放送トーク番組。２００６年に始まり、現在は月1回ペースで放送。

*29――2011年3月11日に起こった「東日本大震災」。2010年2月、『鶴瓶の家族に乾杯』で宮城県石巻市を訪ねていた鶴瓶は、さだを伴い、2011年5月、津波で甚大な被害を受けた同市を再訪。その模様は同年5月23日、30日に放送された。

*30――鬼怒川など80を超える河川で堤防の決壊などが起きた「平成27年9月関東・東北豪雨」。豪雨被害のひと月後、泉谷しげるとさだは、被害の最も大きかった常総市に入り、支援金を手渡したり、避難所でミニコンサートを開いたりと支援活動を行なった。

*31――さだは3歳よりヴァイオリンを習い始め、毎日学生音楽コンクール西部地区（九州地区）大会において、11歳で3位、12歳で2位に。小学校卒業と同時に単身上京し、ヴァイオリン修行に励む。しかし都立駒場高校ヴァイオリン科の受験に実技で受かるも不合格。初の挫折を味わう。その3年後、ヴァイオリンの道を諦める。

*32――落語は大きく、落とし噺（滑稽噺）と人情噺に分けられる。オチがあっても人情味がある話は、人情噺にくくられる。

*33――古典落語のひとつ。明治期に活躍した落語中興の祖・初代三遊亭圓朝の作。「グリム童話」からの翻案とされる。

*34――吉原の花魁と堅物な田舎侍を描いた鶴瓶の新作落語。タモリが昔の吉原であった話を聞き込み、「これを落語にしてよ」と頼んだのがきっかけで誕生した。2015年1月の新作披露の高座を聴いた中村勘九郎が惚れ込み、2016年に歌舞伎として上演された。

*35――長崎県の大村湾内に浮かぶ、さだまさし個人が所有する島。1979年に約2000万円で購入。島には詩島天満宮や宿泊施設などがある。2017年4月放送の『大改造!! 劇的ビフォーアフタ

ーSP』（テレビ朝日系）で島全体のリフォームを敢行した。

＊36――1977年発表のシングル。画家・中島潔の絵から着想を得た。初めてオリコンチャート1位を獲得、68万枚のヒットとなったが「軟弱」と批難を浴びる。尾崎豊や福山雅治、若旦那などもカヴァー。

＊37――919年に創建された菅原道真公を祀る神社（福岡県太宰府市）。さだは、同社を舞台にした『飛梅』を作ったり、同社でコンサートを行なったり、詩島に同社を勧請したりと、関係が深い。

＊38――小堺一機司会のトークバラエティ『ライオンのごきげんよう』（フジテレビ系／1991〜2016）では、ゲストがサイコロを振り、出た面に書いてあるテーマに沿ったトークを行なっていた。

＊39――『探偵！ナイトスクープ』（朝日放送）などレギュラー番組を多く持ち、毒舌の司会者として一世を風靡するも、2000年、58歳で芸能界を引退。

＊40――『鶴瓶 上岡パペポTV』（日本テレビ系／1987〜98）。ぶっつけ本番で60分2人のトークのみ、という画期的な番組だった。

＊41――さだまさしの自伝的小説『かすてぃら 僕と親父の一番長い日』（小学館文庫）。遠藤憲一主演でテレビドラマ化された（BSプレミアム／2013・7）。『ちゃんぽん食べたかっ！』（小学館文庫）はこの続編にあたる。

＊42――2008年刊行の自伝的エッセイ『赤めだか』（扶桑社文庫）。累計22万部超のベストセラー。

＊43――ともに幻冬舎文庫刊のさだの小説。『解夏』表題作は大沢たかお主演で2004年映画化、同所収の「サクラサク」は緒形直人主演で2014年映画化。

＊44――さだが提供した、山口百恵19枚目のシングル（1977）。さだはアルバム『私花集』でセルフカヴ

ァー。
＊45――さだが作詩・作曲したグレープ6枚目のシングル（1975）。「マザコン」とレッテルを貼られる。
＊46――TBSでスペシャルドラマとして放送（2015・12・28）。ドラマナビゲーターを笑福亭鶴瓶が務め、主役の立川談春を二宮和也、立川談志をビートたけしが演じた。さだまさしも寿司屋の大将として出演。
＊47――嵐の二宮和也の愛称。
＊48――中村勘三郎（なかむら・かんざぶろう／1955〜2012）歌舞伎役者。屋号は中村屋。コクーン歌舞伎や平成中村座を立ち上げるなど、ジャンルを超えて常に新しいことにチャレンジし続けた。
＊49――2代中村七之助。父は18代中村勘三郎。兄の6代中村勘九郎と共に歌舞伎界を牽引する若手のひとり。
＊50――立川談志門下の落語家。明治大学卒業後、サラリーマンを経て落語家に。『ガッテン！』（NHK）の司会としてもお馴染み。
＊51――生前、最後に舞台を踏んだ地、まつもと市民芸術館（長野県松本市）で2013年11月14日に行なわれた。没後、松本市名誉市民が追贈されている。
＊52――フジテレビ系お昼の帯番組として人気を誇った『森田一義アワー 笑っていいとも！』（1982〜2014）。鶴瓶は二十数年間にわたり木曜レギュラーを務めた。
＊53――アルバム『美しい朝』（2009）収録。この世とお別れする時に笑えたらいい、という内容の歌詞がある。
＊54――2014年発表のシングル。さだ原作の映画『サクラサク』（2014）の主題歌。

＊55――江戸中期に実在した名歌舞伎役者・中村仲蔵が評判を取るようになるまでを描いた人情噺。

＊56――ファンの間では常識で、通常よりも長い2時間半のコンサートでも「短い」と言われる。コンサートが3時間近くになる理由のひとつはトークの長さ。トークが時間の半分を占めることもザラで、過去、トークと歌を分離したコンサートを開催したことも。

＊57――柳家三亀松（やなぎや・みきまつ／1901～68）三味線を手にした漫談や都々逸で一世を風靡。江戸の粋を表現し続けた。

＊58――俗曲のひとつで、七・七・七・五の口語体でなる。江戸末期から明治にかけて愛唱された。

＊59――柳家紫朝が確立した三味線の弾き唄い。

＊60――大正時代に活動弁士が始めたといわれる芸で、「漫談」とも言う。

＊61――江戸浄瑠璃のひとつ。新内節。

＊62――美空ひばり（みそら・ひばり／1937～89）9歳で初舞台を踏んだ国民的歌手。『悲しき口笛』『川の流れのように』など持ち歌1000を超える「歌謡界の女王」。後に国民栄誉賞を追贈された。

＊63――石原裕次郎（いしはら・ゆうじろう／1934～87）映画『太陽の季節』でデビュー。『狂った果実』『嵐を呼ぶ男』などで一躍スターに。『銀座の恋の物語』などのヒットも飛ばした。

＊64――シンガーソングライター。代表曲に『クリスマス・イブ』など。芸能界きっての落語好きでも知られる。

トーク専用マイクを用意するミュージシャンなんていない

高見沢俊彦

アルフィーは麻雀中にさだまさしを聴いていた

さださんのグレープのデビューが、1973年。僕らアルフィー*1（‖部の註は76頁から）が翌年です。当時はフォークがブームで、アルフィーもアコースティックのグループとしてデビューしました。

高校時代はロック三昧で、プログレ*2とかグラムロック*3を聴きまくっていた。

大学に入って坂崎に誘われてバンドに入り、初めてアコースティック系の曲に触れます。坂崎の部屋にはアコースティック系のコレクションがあり、最初は受け付けなかったのですが、高田渡[*4]さんとか、加川良[*5]さんとか、手当たり次第に聴いているうちに結構はまってしまって（笑）。その流れで他のフォークも聴くようになり、自分からグレープを聴き始めました。『精霊流し』『追伸』[*6]『朝刊』[*7]……。『朝刊』を聴いて、「カラスミ」[*8]の存在を初めて知りましたからね（笑）。

アルフィーとしてデビューした時、皆、20歳前後の大学生でした。学生といえば麻雀（笑）。誰かの部屋に集まって、卓を囲みながら、必ず好きなアルバムを持ち寄って、それを聴きながら打っていました。坂崎なら、ビートルズとか日本のフォーク。僕はたいていプログレ。

ところが途中から、僕がグレープを流すようになった。麻雀の勝負に集中している時に、グレープは似合わない（笑）。

「またそんなん、かけて」

と皆から言われましたが、知ったこっちゃない。結局、アルフィーは全員、さだ さんの曲をヘビーに聴いている（笑）。

最初の頃は、さださんは線の細いイメージでした。なにせヴァイオリンでしたから。「自分とは違う世界の人だ」と思っていたのですが、歌を聴くとそうではない。骨太。さださんの詩には世界観がありました。どう考えても歌の歌詞じゃない。ひとつの詩、物語です。情景描写もちゃんとしていて、さらにその中に心理描写もある。

父親が学校の教師だったこともあって、わが家は本で溢《あふ》れていた。佐藤春夫*9の『田園の憂鬱』や萩原朔太郎*10の『月に吠える』……。明治の文豪や詩集、そういう本を小学生の頃から読んでいました。グレープの歌には、それに近い文学的な世界観を見ていたんです。文学的な匂いがありました。

さださんのソロデビューアルバム『帰去来』*11が発売された時は、熱を出して寝込んでいたのに、発売日に無理して買いに行きましたね。最初、「これって、どう読むんだ？」と悩みましたが……。以来、オリジナルアルバムが出るたびに買って聴き込みました。

いちばん驚いたのは、1枚、1枚のアルバムの印象が、まったく違うこと。ひとつのイメージに染まっていない。さださんのアルバムを聴くことは、「音楽を聴く」というより、「1冊の本を読む」という行為に近い。それまで、1冊の本を読むような気持ちにさせてくれるアルバムはなかったので、「この人、面白いなあ」と思いながら、同じアーティストとしてずっと気にかけていました。

到着5分で部屋がグチャグチャ

さださんとは、70年代にジョイントコンサートで一緒になったりしていましたが、テレビ局ですれ違えば挨拶する程度の間柄でした。

もう15年以上前のことだと思いますけど、明石家さんまさんの『さんまのまんま』[*12]にゲストで呼ばれた時[*13]に、さださんと一緒だったんです。さださん、なぜかお土産にスダチ[*14]を持ってきた。

僕らもいただいたんですけど、僕だけスダチの皮を剥《む》いて、食べてしまった。

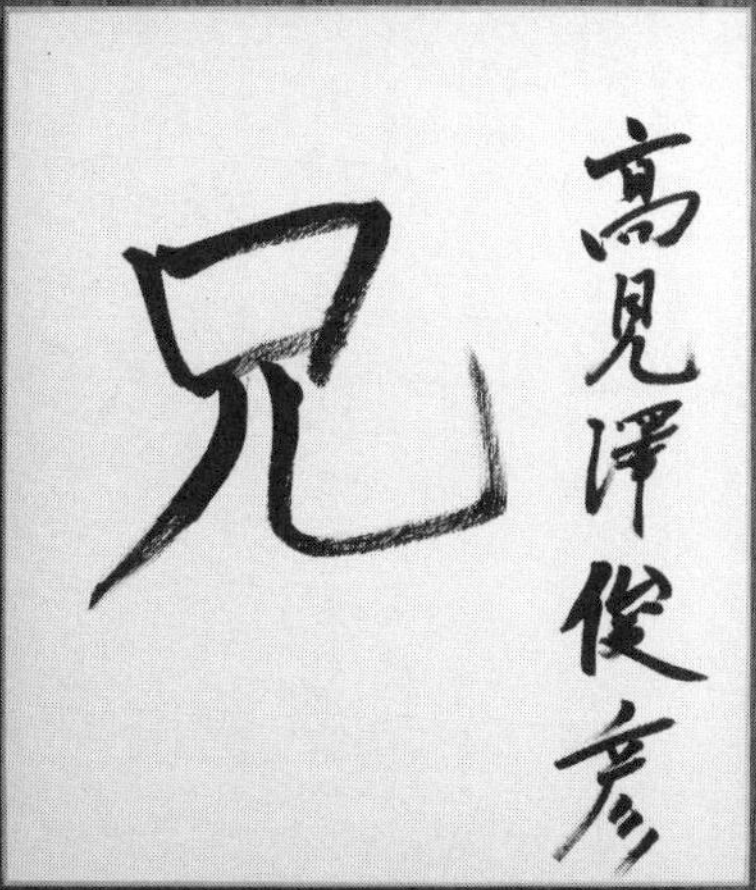

高見沢俊彦（たかみざわ・としひこ）

1954年埼玉生まれ。明治学院大学名誉学士。THE ALFEEのギター兼ボーカル。ソロシングル曲に『薔薇と月と太陽』など。

www.universal-music.co.jp/takamizawa-toshihiko/

「こいつ小さいミカンだと思ってるんですよ」ってメンバーからツッコまれましたが……。で、スダチとさださんが混じってしまって、さださんに向かって、

「スダさん！」

なぜかさださんには、この「スダさん！」がツボだったらしく、それから個人的に仲良くなりました。

忘れられないのは、『FNS歌謡祭』*15での出来事。この年は、僕らアルフィーやさださんだけでなく、松坂慶子*16さんも出演されていました。実は松坂慶子さんが若かりし頃からの大ファンで、内心喜んでいたんですが、収録が終わった後、なぜかさださんが松坂さんと親しげに談笑している。

話が終わった後に、頃合いを見計らってさださんに近づきました。

「え、さださん、松坂慶子さん、知ってんの⁉」

「おお、知り合いだよ。お前、好きなのか？」

「子どもの頃から、もうずっと好き‼」

「じゃあ松坂さんと一緒に飯でも食うか」

「ほんとー!?」

と夢のような話。とはいえお互いにスケジュールもタイトですし、「今度飲みに行こう」という言葉は、この業界では社交辞令で終わることが多い。この時も、「そうは言っても無理だろうな」と思っていました。

ところがさださん、思いがけず約束を守ってくれた。

「この人、いい人だなあ」

さださんの評価はここで絶対になりました(笑)。

そのあと、さださんのコンサートに行った時、偶然、松坂さんも会場に来ていたことがありました。

「お前の席、隣にしてやる」と、事前にさださんに言われたんですけど、

「いやそれだけはやめてください、集中したいんで」

とさすがにその時は断りました。

兄貴と言ったらいいかな。見た目や詩の世界からは想像つかないかもしれませんが、実際の「人間・さだまさし」は、非常に男気がある、頼りがいのある兄貴。

「よしっ、兄ちゃんに任せとけ！」という人なんですね。

普段の行動もああ見えて豪快。たとえばコンサートで全国を回っていると、ホテルに泊まることが多くなります。さださんの泊まってる部屋、どうなってると思います？　到着5分でグチャグチャ。もう何年も住んでいたような自分の部屋にしてしまう。僕も人のことは言えませんが……。

僕もさださんも、キレイ好きなんです、おそらく。自分じゃできないだけで(笑)。ようは神経質そうに見えて大雑把。アバウトなんです。そのへんでも気が合う。

実際話しても、非常にワイルド。デビューしたての頃の、ヴァイオリンを弾いていた繊細なイメージが、ガラガラと音を立てて崩れていきました。まあ、ロックはアバウトですから(笑)。ロッカーで整理整頓好きはあり得ない。緊張と緩和で、緩和の部分がないとロックな人生は成り立たない。

曲も実は、僕から見ると、ロックテイストです。前々から思っていたんですが、さださんの歌はプログレそのものです。

たとえば『飛梅』*17。あれ、エレキギターの間奏がロックテイストで非常にカッコいい。『まほろば』*18なんて、最後に「満月～」とシャウトしますからね。あれにやられました。そして『遙かなるクリスマス』。詩もさることながら、最後の「メリーメリークリスマス」のシャウト。「ついにここまで来たか！」と思いました。

さださんの音楽は、エレキやドラムの音をことさら強く響かせないから、気づかない人も多いのだと思いますが、根本的にフォークではなく、ロック、プログレなんです。

『まほろば』は自分たちもカヴァーしました。アルフィーはもともと、コピーバンドだったんです。S&G*19などをコピーしていました。僕がその前にいたバンドでは、レッド・ツェッペリン*20やディープ・パープル*21をコピーしていた。好きな曲をコピーするのって楽しいんですよ。で、さださんの『まほろば』もコピーしたくなって、リスペクトを込めつつ、高見沢流にアレンジして、キーもちょっと上げて（すぐに元に戻しましたが）……と楽しみました。

「しゃべりにギターをつけてくれ」

そんなこともあって、いろいろなアーティストがさださんの作品を歌う『さだまさしトリビュート さだのうた』*22にもアルフィーとして参加しました。歌ったのはもちろん、『まほろば』。アレンジも僕が手がけました。

結構大胆にアレンジしてしまって、内心、「怒られるかな?」と思ったんです。完全にプログレですから(笑)。

そのあと、アルバム『大変なンすからもォ。』*23に呼ばれました。

謎の大型新人「きだまきしとTake It All JAPAN」による架空のラジオ番組を1枚のアルバムにしてしまうという目一杯ふざけた企画なんですが、僕は「ブラザーT見沢」として参加しました。

相変わらずの無茶振りで、「しゃべりにギターをつけてくれ」という。しゃべりにですよ?

「じゃあ、やっちゃいますよ」と言いながら、それでもちょっと抑え気味にやりました。

実際、他のアーティストから頼まれてアレンジする時、派手にしすぎると「もうちょっと抑えてもらえませんか？」と言われることが多いんです。しかも今回はしゃべりにギターをつけなければいけない。ところがさだ限さん、

「たかみー*24、もうちょっと早弾きにしてくれ」

やっぱりこの人、プログレです。それから会うと音楽談義で盛り上がる関係になって、今度は突然の無茶振り。

「オリジナルアルバム*25作るんだけど、全曲、アレンジしてくれない？」

さすがにスケジュール的に難しく、2曲だけにしてもらったんですが、結構ハードに仕上がりました。

技術的なことをいうと、さださんの音楽の作り方は、やはりロックそのものです。あれだけの詩の世界ですから、さださんは当然、「詞先」だと思っていました。作曲より先に歌詞を書くことを、「詞先」というんです。ところが本人に聞くと「曲先」だという。

「嘘っ！」

と思わずリアクションしてしまいました。

これは僕らもそうで、下手すると「このイントロ、カッコいいなあ」とか、「このギターのリフ[*26]、いいなあ」とか、そういうところから曲を発想しています。ロックは、こうした作り方が大半です。まず曲がある。

さださんも「曲先」。やっぱりロックですね。

本人は忘れていると思いますが、さださんにはもうひとつ、感謝していることがあります。僕は筋金入りの文学好きで、小説家にずっと憧れていました。でも、書くのと読むのとでは違う。憧れが強すぎて、「書きたい」という気持ちにすらならなかった。

そんな時に、さださんが次々と小説を発表します。『精霊流し』[*27]『解夏』『眉山』……。人間ドラマが中心にあり、心理描写も情景描写も的確です。これぞ「文学」でした。

しかも『眉山』[*28]は、歌と小説が連動している。

〈幾つか嘘をついた／本当を守るために〉

歌詞だけ取り出してもすごいフレーズですが、小説の物語世界と響き合っている。こうした構成力に唸《うな》らされました。

それで、銀座で一緒にワインを飲んでいる時に、聞いてみたんです。

「どうやって小説を書いてるんですか？」

するとさださんのアバウトな答え。

「どうやってるもないよ、お前は書けるよ」

ちょっと虚をつかれて、「えー？」と驚いていると、

「書くんだろ？　たかみーも。できたら読ませてよ。たかみーなら大丈夫。できるから」

と力強く背中を押してくれました。このあたり、兄貴分でしょ？　結局、そう言われてから、書くのに3年かかってしまいました*29が……。

ちなみに「見せろ」と言うから、連載小説の掲載誌を送りましたが、何の反応もありません（笑）。きっと読んでないんじゃないかなあ。

編集者から「小説を書きませんか?」と提案された時、自分の中に蘇《よみがえ》ったのは、「たかみーなら大丈夫」というさださんの言葉でした。

先駆者としてのさださんの存在も大きかった。

ミュージシャンが、「小説もちゃんと書ける」ということを、さださんが証明してしまった。自分がその域に達しているかはともかく、先駆者がいたからこそ、自分もついていこう、と思える。ま、さださんはアバウトですから、

「『たかみーなら大丈夫』? 言ったっけ? そんなこと」

と言うでしょうが(笑)。多分本人は、言った次の日に忘れてしまうんでしょうね。

しゃべるために前に出ることに抵抗

アルフィーとしてのコンサート回数は2800回を超えました。「すごい数ですね」と言われるんですが、上には上がいる(笑)。さださんは4600回を超えてますから。衣笠祥雄*30さん亡き今は、「鉄人」の称号は、さださんのために

あるんじゃないでしょうか。

だってデビューしてから50年、ほぼ休みなく、全国を回っているわけでしょ？ 50年以上続いているものといったら、『ウルトラマン』*31とか『仮面ライダー』*32くらい。でもあっちは、代替わりしているけど、さださんはたったひとり。やはり「鉄人」ですね。

アルフィーの場合は、1回のコンサートで10ｔトラックが5台半稼働するので、どうしても小回りがきかない。ギター1本でもライブができてしまうさださんには絶対に追いつきません。

さださんのコンサートには、個人的に何度も足を運んでいます。オーケストラと一緒にやったコンサートの時は、さださんから風呂桶*33、もらいましたし。もちろん、捨てずに部屋に飾ってあります。

自分の父を亡くした直後に行ったコンサートでは、『防人の詩』を聴いて、会場で泣いてしまいました。当時、いろいろ物議をかもした歌ですし、父親を歌った歌でもありません。でも、人間の死とか、自然とか、そういったものを歌い込んでいる歌を耳にした時に、不覚にも号泣してしまった。深い歌だな、と改めて思いました。

ただ、さださんのコンサートを観《み》ていて、ひとつだけ疑問なのは、あのMCマイク、なんですかねぇ？

歌の時は、スタンドマイクで歌っていて、MCに移ると、「で、それでね」と別のマイクを取ってしゃべり出す。

あれを初めて目撃した時は、頭の中がはてなマークだらけ。もしかして歌のマイクがスペシャルなのか？　とかいろいろと考えてしまいました。トーク専用マイクを用意してるなんて、僕の知る限りさださんだけ。

たしかに、トーク中心のライブ*34を開催したり、トークだけのCD*35を発売したり、トークを収録した本*36を出版しちゃうくらいですから、トークへの並々ならぬこだわりがあるのかもしれませんが……。ちなみに僕は、十津川村ネタ*37や車掌さんネタ*38が気に入っています。聴いているだけで、情景が浮かびますよね。

トーク中、ひとっところにとどまっていないで、ウロウロ動き回るのにも違和感がある。前に進み出てみたり、ステージの下手、上手と動き回ったり、バリエーションもたくさんある。MCマイクを摑むまでの動作も自然だし、見慣れてしまえばヘンに思わないんだろうけど、やっぱりおかしい（笑）。

僕の場合、ヘッドセットマイクをつけているので、さださんの真似をして、それをつけたまま前に進み出てトークをしたことがあるんですが、違和感がありました。「なんで俺、しゃべるのに前に出てきてしまったんだろう？」って。ギターのソロで前に出るのはいいけど、しゃべるために前に出るって、抵抗がある。

さださんの場合、しゃべって、歌って、そして書いて、というのがワンセットで、創作の三位一体なのかもしれませんが、それにしてもあのMCマイクって……。なんなんですか？ さださん。

＊1―高見沢俊彦、桜井賢、坂崎幸之助の3人組のロックバンド。明治学院大学在学中にデビュー。シングルに『人間だから悲しいんだ』。

＊2―「プログレッシブロック」の略。クラシックやジャズの要素を取り入れた前衛的・実験的なロック。

＊3―斬新な衣装とメイク、退廃的な雰囲気の人物によるロック。70年代のイギリスを席巻した。

＊4―高田渡（たかだ・わたる／1949〜2005）60〜70年代に活躍したフォークシンガー。代表曲は『三億円強奪事件の唄』『自衛隊に入ろう』。

＊5―加川良（かがわ・りょう／1947〜2017）70〜80年代に活躍したフォークシンガー。アルバムに『アウト・オブ・マインド』。

＊6―グレープ3枚目のシングル（1974）。

＊7―グレープ5枚目のシングル（1975）。

＊8―ボラの卵巣からつくる長崎の特産品。江戸時代、長崎・野母（のも）のカラスミは「天下の三珍」と珍重された。

＊9―佐藤春夫（さとう・はるお／1892〜1964）大正・昭和時代の小説家、詩人。小説『田園の憂鬱』『小説智恵子抄』、詩集『殉情詩集』など。

＊10―萩原朔太郎（はぎわら・さくたろう／1886〜1942）大正・昭和時代の詩人。代表作に詩集『純情小曲集』、口語自由詩の詩集『月に吠える』『青猫』。

＊11―ききょらい。さだのソロ1枚目のアルバム（1976）。タイトルは中国の詩人・陶淵明の詩から。

＊12――明石家さんまのトーク番組（フジテレビ系／1985～）。

＊13――アルフィーとさだは『さんまのまんまスペシャル2006』（2006・10・4）に揃って出演。

＊14――ユズの近縁種で、江戸時代後半から栽培される。徳島の特産。さだは自分で収穫したスダチをお土産として番組に持参した。

＊15――1974年からフジテレビ系で毎年放送されている年末大型音楽番組。2012年には、さだ、アルフィー、松坂慶子らが出演している。

＊16――日本アカデミー賞最優秀主演女優賞を獲得するなど日本を代表する女優。歌手としても『愛の水中花』が30万枚を超えるヒットに。さだとは同じ年で以前から親交がある。

＊17――アルバム『風見鶏』（1977）収録。菅原道真の伝説をモチーフにしている。

＊18――アルバム『夢供養』（1979）収録。奈良を舞台に、万葉集をモチーフにした曲。

＊19――アメリカのデュオ、サイモン＆ガーファンクルのこと。代表曲に『サウンド・オブ・サイレンス』『明日に架ける橋』など。さだもS＆Gからの影響を公言している。

＊20――イギリスのハードロックバンド。アルバム『レッド・ツェッペリンⅣ』は全米だけで2300万枚を突破した。

＊21――『ロックの殿堂』入りしたイギリスのハードロックバンド。代表曲に『ハイウェイ・スター』『紫の炎』。

＊22――さだのデビュー35周年を記念したトリビュートアルバム（2008）。アルフィーのほかにBEGIN、オペラ歌手の錦織健、森山直太朗、立川談春ら10組のアーティストが参加。

＊23――「きだまきしとTake It All JAPAN（テキトー・ジャパン）」名義のさだのアルバム（２０１２）。加山雄三、岩崎宏美、コロッケ、笑福亭鶴瓶らも参加。

＊24――高見沢のニックネーム。ソロ活動の際も「Takamiy」を名乗る。

＊25――アルバム『第二楽章』（２０１４）。高見沢は『死んだらあかん』『君は歌うことが出来る』の2曲のアレンジを担当した。

＊26――ギターで繰り返されるコード進行のこと。ギターリフ。

＊27――２００１年発表の自伝的小説（幻冬舎文庫）。さだにとって初の小説で、のちにドラマ化、映画化された。

＊28――作詩・作曲さだまさし。アルバム『Mist』（２００７）収録。舞台化の際のテーマ音楽として書き下ろされた。

＊29――２０１７年、『オール讀物9月号』から初の小説『音叉』の連載を開始。２０１８年7月文藝春秋より上梓された。70年代を舞台にした青春小説。

＊30――衣笠祥雄（きぬがさ・さちお／１９４７～２０１８）元プロ野球選手。２２１５試合連続出場はプロ野球記録。１９８７年に国民栄誉賞授与。

＊31――１９６６年に始まった特撮テレビドラマシリーズ。

＊32――１９７１年放送開始の特撮テレビドラマシリーズ（テレビ朝日系）。石ノ森章太郎原作。

＊33――２０１４年の「さだまさしシンフォニックコンサートツアー」では「フルオケ（＝フルオーケストラ）記念でフロオケ」というダジャレグッズの檜製風呂桶（６０００円）が登場した。

*34──デビュー40周年記念ツアー「さだまつり」(2012)では、ラスト2日間を「前夜祭=しゃべるDAY」「後夜祭=うたうDAY」と分けて開催した。その模様は6枚組CD『さだまさし 40周年記念コンサート さだまつり』に収録。

*35──『さだまさし噺歌集』(全18巻/ユーキャン通販)、『さだまさしトークベスト』など。

*36──『噺歌集』(文春文庫)、『さだのはなし』(ユーキャン)など。

*37──『さだのはなし』収録(第二十三話「嗚呼十津川村」)。

*38──『さだのはなし』収録(第一話「退職の日」)。

新しいことをやり続けることが大切

［解説］寺岡呼人

〝さだまさしのしゃべるチカラ〟って何だろう？

ライブのトークのうまさは鶴瓶さんや談春さんという「しゃべりのプロ」のお墨付きです。僕もさださんのトークに感心していたひとりです。

ところが今回、鶴瓶さん、談春さん、高見沢さんに会って話を聞き、考え方を改めました。「しゃべりのうまさ」が目立つあまり、その本質が覆い隠されているんじゃないかと思ったのです。さださんの〝しゃべるチカラ〟の根本は、「徹底的にその人の立場に立つ」ということなんじゃないか。

たとえば、談春さんの『赤めだか』（幻冬舎文庫）にこんなくだりがあります。

談春さんが真打になる前、現状を酔って愚痴ったそうです。さださんが返した言葉。

〈あのな、誰でも自分のフィールドに自信なんて持てない。でもそれは甘えなんだ。短所は簡単に直せない。短所には目をつぶっていいんだよ。長所を伸ばすことだけ考えろ。談春の長所がマラソンなら、マラソンで金メダルをとるための練習をすればいいんだ。マラソンと一〇〇メートルではどっちに価値があるかなんてお前の考えることじゃない。お前が死んだあとで誰かが決めてくれるさ。お前、スタートラインに立つ覚悟もないのか〉

「さだまさしのひと言がなかったらオレ談春はどうなっていただろう」というのです。僕も何度か談春さんの高座に足を運びましたが、今や時代を代表する落語家です。

鶴瓶さんもそう。鶴瓶さんの看板番組『家族に乾杯』や『パペポTV』、十八番の人情噺が、さださんきっかけだったとは、この対談で初めて知りました。

興味深かったのは、2人とも〝さだまさし〟を決して崇《あが》めていない、ということです。さださんも、本気でぶつかっている。普段は笑いに溢れ、かつさださんと丁々発止やり合っている様子が手に取るようにわかって、それがとても心地好《よ》い。さださんもきっと、この2人から影響を受けているのでしょう。互いに高め合う関係です。

高見沢さんが小説を書いたのだって、さださんの言葉に背中を押されたからです。さださん本人は忘れているかもしれませんが、さださんのひと言で人生が動き出した人、人生が変わってしまった人は、有名無名問わず、もっとたくさんいるはずです。僕も、そして本を読んでいるあなたも……。

高見沢さんときちんと会って話をするのは初めてだったのですが、表面上の音楽のジャンルは違っても、さださんとマインドで繫がっていることに驚きました。

「さださんが『生き直す』をテーマに、アルバムを作りましたが……」と話を向けると高見沢さんからはこんな答えが返ってきました。

「その気持ち、すごくわかりますね。毎年リセットしていかないとだめになる。新しい曲がなくてもコンサートはできるんです。でもそれはこっちがつまらない。

今を生きてる以上、新しい曲を作ってかなきゃいけない。それが生きていることの証明ですから。終わったことは過去で、常に明日。そうやって再生し続けてるんだと思います。そうやってやり続けることで、成長もある」

さださんも高見沢さんも、感覚が「職人」に近いのだと思いました。コンサート回数1位と2位の2人が、まったく同じ感覚でいることに驚きましたし、僕は改めて「新しいことをやり続ける」大切さを教えられました。

セッション2

親しまれるチカラ

さだまさしという「病」は世間に元気を伝播させる

鎌田實

「オキシトシン過剰症候群」

強烈に印象に残っている出来事があります。

ある時、まさしさんは『さだおばさん』*1（＝部の註は105頁から）という絵本を本屋で偶然見つけ、それに感動して作者の画家・原田泰治*2に諏訪（長野県）まで会いに来る。「思ったらすぐ行動に移す」というところが、彼らしい。

僕と原田さんとは、彼のご両親を治療したのがきっかけで知り合い、その後、家族ぐるみの付き合いをしていました。まさしさんは、原田さんから紹介してもらった。彼がまだ諏訪に家を建てる前で、諏訪にやってきてはホテル住まいをしていた時期のことです。

原田さん、まさしさん、僕の3人で酒を飲みました。店を出ると雪が舞っている。もう随分積もっていました。タクシーで、まずまさしさんのホテルへ向かい、まさしさんを降ろして、別れました。

ふと気になって、タクシーの後部座席から振り返ると、まさしさん、雪の中でずっと手を振っている。タクシーが見えなくなるまで、雪に濡れるのもかまわず延々振り続けている。

鮮烈でした。計算じゃないんだな。だって、僕が振り返らなければ、まさしさんが手を振っていたことに気づかなかった。でもそれでもいい。本人はやりたいからやっている。後日、本人にこの話をしたら、まったく覚えていない。彼にとっては普通の行動なんだろうね。

「情けは人のためならず」という言葉があるように、誰かに親切にすると最後は自分に戻ってくる、という考え方があります。儒教的な発想です。でもまさしさんの行動はそうじゃない。やりたいからやっている。見返りなんてこれっぽっちも求めていない。人生哲学や倫理観として人の身になって考え、行動してるんじゃない。生き方が器用なわけでもない。親切にすることが肉化している。

オキシトシンという脳内神経伝達物質があります。ホルモンの一種で、お母さんが赤ちゃんを産んだ時に大量に出ていることがわかっています。別名「共感のホルモン」と呼ばれていて、たとえば、お母さんが子どもを抱っこしている時にも分泌される。この子を守りたい、大切にしたい、そういう感情が、オキシトシンを分泌させるのです。オキシトシンが出ている時、人は優しくなっている。逆に言えば、オキシトシンを投与すれば、イライラが治まったり、人に優しくできるようになったりします。

このホルモンは、母親だけでなく、誰でも自然に分泌されます。人のために何かしよう、と思っている時には、おばあちゃんになってもおじいちゃんになって

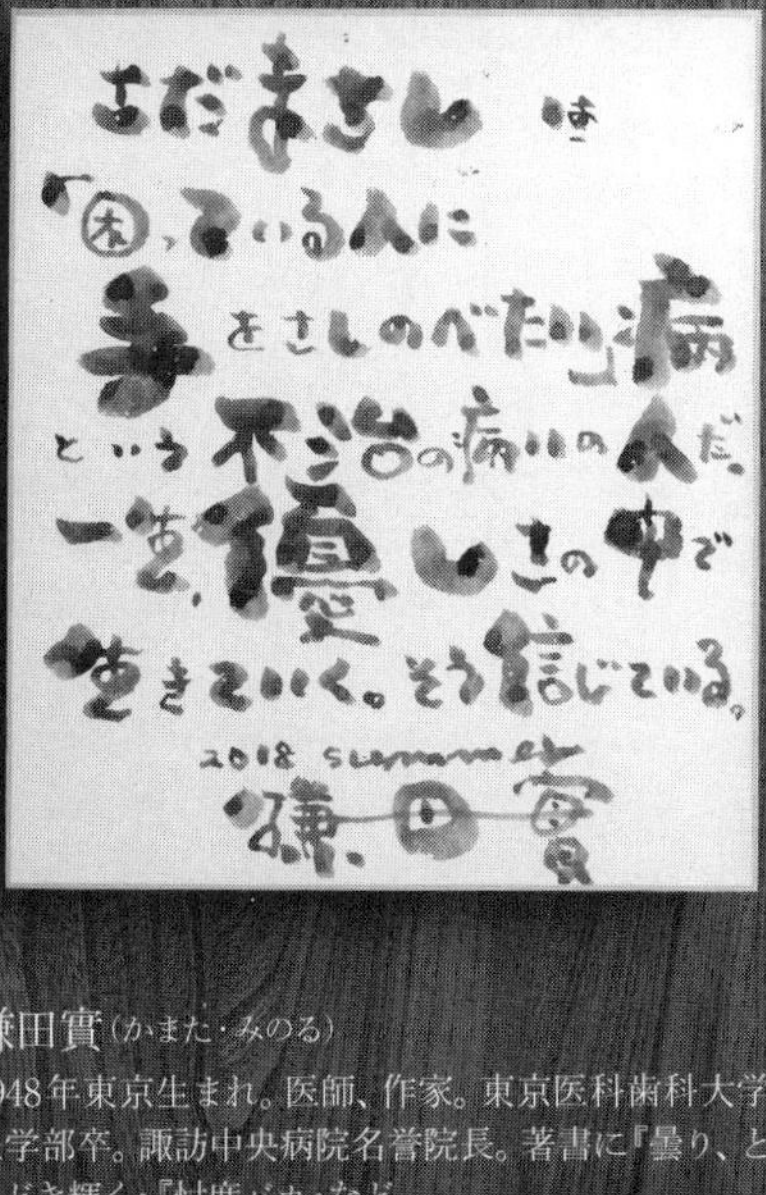
困っている人に
手をさしのべたり、病
という不治の病いの人だ。
一生、優しさの中で
生きていく。そう信じている。

鎌田實（かまた・みのる）

1948年東京生まれ。医師、作家。東京医科歯科大学医学部卒。諏訪中央病院名誉院長。著書に『曇り、ときどき輝く』『忖度バカ』など。

www.kamataminoru.com/

もオキシトシンは出る。まさしさんを見ていて、僕は、このオキシトシンが大量に分泌されているんじゃないかと睨んでいます。で、勝手に病名をつけてみました。「オキシトシン過剰症候群」。

これはね、不治の病です。オキシトシンが過剰に出ているから、どこかに困っている人がいると聞けば、すぐに飛んで行ってしまう。

「風に立つライオン基金」*3もそうです。あれだけ被災地を駆けずり回っている人が、さらに基金を立ち上げるという。

まさしさんから電話がかかってきて「鎌田さん、ちょっと応援してよ」と言われた時に、二つ返事で評議員を引き受けたのも、医者として、まさしさんを見ていたいという気持ちがあった。

僕は、「さだまさし」という人間が、「オキシトシン過剰症候群」という不治の病とともに生きたほうが社会にとってもプラスになると思っているので、だったら、まさしさんが活動しやすい形を作る手伝いをしてあげたほうがいいんじゃないかって。

オパーリン[*4]という旧ソ連時代の生化学者がいます。彼は、生命の起源の研究家で、『生命の起源』という大著を著しています。彼は、「人間は様々な使命を帯びて生まれてくる」という言葉を残しているんだけど、まさしさんを見ると、この言葉を思い出すんです。まさしさんは「困っている人に手を貸す」という使命を持って生まれてきたんじゃないか、と。

「超多能病」がエネルギー源

「オキシトシン過剰症候群」だけでも大変なのに、まさしさんにはもうひとつ病気がある(笑)。これも僕が勝手に名づけたんだけど、題して「超多能病」。お世辞ではなく、能力が尋常じゃない。じゃなきゃ、600曲以上の曲を作れません。本当に全部、覚えているのかどうか(笑)。

歌だけならまだしも、コンサートの回数も尋常じゃない。異常なほど歌い続け、しかも異常なほどしゃべり続ける。お酒も好きで、仲間とワイワイやるのも好き。ゴルフも異常に好き。休む間もなく、仕事に、プライベートに、動き回っている。

普通の人だと、これだけ忙しく動き回っていると、体を壊します。人生につまずいてしまうかもしれない。

ところがまさしさんは絶妙なバランスでそれを回避している。

まさしさんは仲間を大事にする人だから、日本中あちこちに飲む場所と飲み仲間がいる。飲み仲間からすれば、「久しぶりにわが町に来たさだまさし」だから、夜明けまで飲み明かしたい。そんなことを続ければ、きっと病気になっただろうけど、まさしさんの場合、「超多能病」だから、飲んでいる途中でも本が書きたくなる（笑）。飲みたいし、書きたい。

仲間もそんなまさしさんの事情に薄々気づいて、日付の変わる前にお開きとなる。つまり、倫理観とか、健康第一主義とか、そういうことではなく、「超多能病」であるがゆえに、深酒を逃れている。

じゃあ、そもそも飲まないで創作に没頭すればいいじゃないか、と思うかもしれないけど、そういう一極集中はできません。「超多能病」だから（笑）。ひとところに、じっとしていられない。

おそらく彼にとっては、人と会ったり、仲間と酒を飲んだりすることが、曲作りや執筆のために必要なんだろうね。そこでいろんなことを吸収して、それを曲や小説として吐き出す。それが絶妙なバランスになっている。

ひとつだけ秀でていて、そのことに集中するような人間だったら、もしかしたら壁にぶつかっていたかもしれない。でもまさしさんは動き回って、様々なことに首を突っ込むから、壁にぶつかることを回避できる。

こうした様々な方面への能力や興味関心を、意識的にバランスを取ろうとしたら、それはただの器用貧乏。つまらない人間になるかもしれない。ところがまさしさんは無手勝流。好き勝手にやりたいことをやっているだけだから、人として面白い。だから彼の周囲に人も集まってくる。

『風に立つライオン』と『八ヶ岳に立つ野ウサギ』

まさしさんの異能ぶりを確信したのは、『八ヶ岳に立つ野ウサギ』[*5]です。

あの歌が生まれるきっかけは、実は僕らにある。あれは正月だったと思うけど、諏訪豊田診療所の小松道俊さん*6と僕らの3人で落ち合った。

小松先生は週に1回、山の向こうの集落に往診に行っていました。そこでは狩猟を生業にしている人たちがいて、今日はイノシシを振る舞ってくれるという。僕はその手の食べ物が苦手なんだけど、案外、まさしさんは平然としていたな。

「先生、正月だからしょうがないでしょ。もう諦めて行くしかないんです」

その集落で出てきたのは、湯気がまだ出ているイノシシの臓物。恐る恐る食べてみると、これがうまい！

「うまい、うまいって先生、誰よりも食べてるじゃないですか。それなのに最初は、なんでこのぐらいのことで怯《おび》えていたんですか」

と、まさしさんにからかわれたけど、考えてみたら、まさしさんがこの場にいることが不思議なわけ。そもそも原田泰治という画家への好奇心から諏訪に通わせ、そのうちに家を建てて住み始めてしまった。で、小松先生が診療に行くというと、それにのこのこついていく。さらに、普通の街場で食べられないような物を平気で口にする。彼は何も怖がっていない。好奇心が何にもまして、勝っちゃってるんです。

で、その時に、『風に立つライオン』[*7]の話になりました。『風に立つライオン』はアフリカのナイロビで医療を続ける日本人医師を歌った歌。同じ医師として、感じるところが大きい。医師の大半が好きかもしれない。

〈僕は風に向かって立つライオンでありたい〉

この言葉に、僕も勇気をもらいます。

イラクの難民キャンプ[*8]へ行った時も、チェルノブイリの被災地[*9]へ入った時も、自分の頭の中にはいつも『風に立つライオン』のメロディが流れます。そして奮い立たされる。イノシシの臓物を食べながら、

「だけど俺たちはライオンほどカッコよくないけど、この歌、いいな」

と小松先生が言うので、僕はこう返しました。

「八ヶ岳を走り回る野うさぎぐらいかな」

それから半年ぐらい後のことだったと思いますが、僕が院長をやっている病院——諏訪中央病院[*10]が45周年を迎えたんです。それまでも節目の年は、コンサー

トを開いたり、講演会を開催したりしていたんですが、この年は、これまで支えてくれたスタッフに恩返しをしたいと考えました。そこで、蓼科《たてしな》のホテルのホールを貸し切ってのディナーショーを企画しました。フランス料理のフルコース付きです。一度甘えると、甘え癖がついてしまうので、まさしさんにはこれまで、頼み事をしたことがありません。しかしこの時は、ホール代にフランス料理代とお金がかかりすぎて、予算が尽きてしまった（笑）。そこで正直に、その話をまさしさんにしたんです。

「スタッフに感謝したくて、それでまさしさんにディナーショーをお願いしたいと思っていたんだけど……お金がない」

その代わり、まさしさんをはじめ、スタッフや関係者など、来ていただいた方々全員、無料で人間ドックの診察をしますので……とお願いしました。

まさしさんは快く受けてくれ、ディナーショーをやってくれました。そして当日、歌をプレゼントしてくれたんです。それが、『八ヶ岳に立つ野ウサギ』。

もちろん、そんなことはひと言たりとも聞いていません。サプライズのプレゼントでした。

〈諏訪湖を渡る風は〉で始まる素敵な歌でした。最後に、〈君の歌に出てくる／ライオンには　ほど遠いけれど〉という歌詞が出てきました。小松先生の台詞です。そして、〈今日からは「八ヶ岳に立つ野ウサギ」と自分で名乗ることにしたんだ〉と続く。これは僕の台詞です。

わずか半年前の飲み会での雑談が、見事に歌になっている。「超多能病」ゆえに、諏訪の田舎の集落までついてきて、そこで得た着想を歌にする。しかも、「歌にしてプレゼントしよう」と思ったのは、「オキシトシン過剰症候群」ゆえでしょう。『八ヶ岳に立つ野ウサギ』という歌の誕生の裏側には、「さだまさし」という人間の特徴がすべて出ていたのです。

まさしさんの行動力が被災者に伝播

まさしさんにとって、相手の身になって行動するということは、「生きる戦略」です。本人の計算ということではなく、細胞レベルの戦略なんじゃないか、と思うんです。回遊魚のマグロが、休むことなく泳ぎ続けるのと一緒です。まさしさんは、「困っている人を放っておかない」ことで、ようやく生き続けることができる。

「生きる戦略」とあえて言ったのは、こうした振る舞いが、個人で完結していないからです。まさしさんがそうやって生きることで、彼の生き方に触れた人たちはパワーをもらう。パワーをもらった人たちが、まさしさんを応援する。その声を受けて、ますますまさしさんはパワーを得る。その循環がすごく大事なんじゃないかな。

つまり、さだまさしに触れた人たちは、本人を含めて、「さだまさし」という病に罹《かか》っている。もちろん僕もね（笑）。

実際、福岡の水害[*11]の被災地でこんなことがありました。

「風に立つライオン基金」で、まさしさんと2人で朝倉市の仮設住宅にお邪魔した時のことです。その中に、土建会社を経営していた方がいて、会社も車も流されてしまった。自宅は土砂に埋まってしまったそうです。

「土砂に埋まっている家を見るたびに、悲しくて、悲しくて。でもこの間、全国からボランティアが来てくれて、土砂を全部、抜いてくれたんです。土砂が抜けたことだけで救われるような思いになりました」

土砂がなくなったとしても、きっと家は使いものになりません。でも、キレイにしてくれたお陰で、生きる力をもらったと言うんですね。

こういう話を、まさしさんは上手に聞き出していくんです。すると土建会社の社長の顔が、どんどん活《い》き活きとしてくる。

その人は、会社も自宅も目処《めど》が立っていないけど、「とにかく今日やれることをやんなくちゃ」という思いになって、買い物や病院に行けない仮設住宅のお年寄りたちのために、車で送り届けるサービスを始めたと言うんです。

実は裏話があって、まさしさん、この仮設住宅に一度、ひとりで来ている。基金からお金を届けてるんですよ。その話を、おばあさんが嬉《うれ》しそうに言うんです。

「さださんは、私が仮設に移ってきたその日に、訪ねてきてくれたんです。『元気出してください』って言ってくれたんです」

土建会社の社長は、集会場の役員も務めていますから、まさしさんがお金を届けに来てくれたことは耳に入っています。僕たちが仮設にお邪魔した時には、「さだまさしがまた来てくれる」と話題になっていました。

土建会社の社長の行動も、こうしたまさしさんの行動が、遠因になっているんじゃないか、と思うんです。さだまさしが自分たちのところに来てくれた。応援してくれている。だったら自分たちでできることをやろう、と。きっと影響を受けている。そう、「さだまさし」という病に感染したんです。

まさしさんはしかし、一度訪れているということを口にはしませんでした。何食わぬ顔で、仮設の人たちとにこやかにしゃべっている。「自分はすごいんだ」とアピールすることもせず、土建会社の社長の行動をきちんと評価してあげている。社長も、自分が肯定されたことですごく嬉しかったんじゃないかな。きっと彼はもっと張り切る。

その社長の無私の行動を見て、周囲にはそれに影響を受ける人も出てくるでしょう。こうやって「さだまさし」という病が感染していくんです。

「さだまさし」という病は、まさしさんに直接触れなくても感染します。さだまさしの歌を聴いたり、さだまさしの小説を読んだり、さだまさしの発言を目や耳にしたり……。いろんなチャンネルでさだまさし的な考え方に触れることで、ちょっとずつ、「さだまさし」という病に罹っていく。皆、他人のために何かしたくなる。

さだまさし病に罹ると、オキシトシンが今よりも出るはずです。ほんの少しでいいから皆のオキシトシンの分泌量が増えれば、日本はギスギスせずに、もうちょっといい国になっていくんじゃないか。皆が他人のことを考える国になっていくんじゃないか。そんなふうに思います。

折り畳み式ギターで被災地入りする理由

まさしさんは、お父さんのことを『かすてぃら』という小説にしているけど、僕自身、本当の両親の顔を知りません。育ての親のお陰でここまで来ました。貧乏な家でね、それでも懸命に育ててくれた。

僕は小さい頃に野垂れ死んでもおかしくなかった。でもこうして生きている。育ててくれた両親には感謝してもしきれません。この思いをどうやって返そう。そう思ったら、困っている人を放っておけなくなった。

東日本大震災の時も、福島の原発から20㎞圏内の場所に、医師として初めて入りました。ここには、逃げたくても逃げられないお年寄りたちがいました。どうしたらいいんだろうと、不安に思っていた。そこに、外から医者が来てくれたら、ホッとするんじゃないかと考えました。

僕が福島を訪れている時に、まさしさんから電話がありました。

「先生、今度宮城に行くから、そのまま福島に行ってもいいよ」

まさしさんは、宮城でのコンサートの帰りに、南相馬市[12]の体育館に来てくれました。避難所になっていた体育館です。

急遽《きゅうきょ》、僕の講演とまさしさんのコンサートを行ないました[13]。まさしさんの歌とトークに、皆、泣くんです。しかも泣かせるだけでなく、笑わせる。

「こんなに泣いたり笑ったりしたの、あれ以来、初めてです」

避難所の人の言葉が印象的でした。

まさしさんの凄いところは、被災者の方だけでなく、僕のような何か支援したいと思っている人たちにも目を配るところです。

「鎌田先生、これだけずっと通っていたら、活動資金が必要でしょ。僕はいつでも歌いに来ていいけど、被災者の人からお金は取れない。そうだ、余所《よそ》の県の人に協力してもらいましょうよ」

そこで知り合いの伝手《つて》を頼って、豊田市の大きな体育館でトーク&ライブのイベント[*14]を開催しました。僕のトークと、まさしさんのライブです。

そのイベントの収益を手に、南相馬市に行きました。赤十字などからなかなかお金が回ってこない地元の小さなNGOを中心に、彼らに直接手渡すためです。8カ所近く避難所を回りました。僕は数分話すだけでいいんだけど、まさしさんはそのたびにギター1本で歌を歌う。

そんな時でさえ、まさしさんは気を遣うから、外目にギターとわかるようなものを持っていかない。逆に、「歌ってもらったほうがいいのかな」と相手に気を遣わせてしまうからです。そのためにわざわざ、オリジナルの折り畳み式のギターを作ってしまったほどで、「歌ってほしい」という空気を感じたら、やおら取り出して、歌い出す。あとでその場にいた人たちに聞くと、

「お金ももちろん嬉しかったけど、さださんの歌を生で聴くことができて勇気をもらった」と口々に言っていました。

間近で見ていて、「このエネルギーは尋常じゃない」と思いました。一日中、被災地を回って、夜にコンサート。肉体的にもしんどい。でも終始、笑っている。金銭的にも負担です。随分、持ち出したはずです。この時の様々な活動が、のちの「風に立つライオン基金」の設立に繋がっていきます。

今も、南相馬市に通い続けていますが、その人たちからよく言われます。

「さださんの体育館のコンサートから、私たちは変わった」

「さだまさし」という病は確実に広がっているようです。

＊1――森林鉄道の駅長になった行商のさだおばさんの物語。絵本『さだおばさん』（文・絵：原田泰治／講談社）。

＊2――諏訪市在住の画家、グラフィックデザイナー。『こすもすの詩』（講談社）などさだと詩画集を出すなど親交が深い。さだは「諏訪市原田泰治美術館」の名誉館長を務める。

＊3――2015年設立の公益財団法人。国内外の僻地医療や大規模災害の復旧現場などにおいて奉仕活動をする個人や団体に対し、物心両面からの支援を提供するための基金を設置する。2018年夏には、「高校生ボランティア・アワード2018」を開催した。http://lion.or.jp/

＊4――オパーリン（1894〜1980）旧ソ連の生化学者。世界平和擁護委員などの社会活動や日ソの学術交流でも貢献。

＊5――作詩・作曲さだまさし。アルバム『日本架空説』（2000）収録。同アルバムの題字は原田泰治が揮毫。

＊6――同診療所は戦前から続く診療所で、山間部出張診療を行なう。小松道俊氏はすでに亡く、現在は子息が3代目として地域医療に当たっている。

＊7――作詩・作曲さだまさし。アルバム『夢回帰線』（1987）収録。実在の医師である柴田紘一郎氏の実話をもとにさだが創作。俳優・大沢たかおの企画・主演で映画化された（2015）。

＊8――鎌田は2004年よりイラク支援を開始。紛争やイスラム過激派組織ISIL（アイシル）から逃れてきたイラク難民キャンプで診療や医薬品支援を行なう。鎌田は「日本・イラク・メディカルネット」代表を務める。

*9――1986年に旧ソ連（現ウクライナ）のチェルノブイリ原子力発電所が爆発事故を起こし、周辺地域は現在も放射能汚染に苦しんでいる。鎌田は1991年より放射能汚染地帯への100回を超える医師団の派遣、医薬品の支援などを続けている。鎌田は「日本チェルノブイリ連帯基金」（JCF）理事長も務める。

*10――長野県茅野市にある1950年開設の病院。鎌田は大学卒業後の1974年、潰れかけていた同病院に内科医として赴任。1988年からは院長として一貫して「住民とともにつくる医療」を実践。2001年より名誉院長。

*11――「平成29年7月九州北部豪雨」のこと。福岡県朝倉市や東峰村、大分県日田市では甚大な被害があった。

*12――福島県の太平洋沿岸の都市。東日本大震災で津波の被害に遭うだけでなく、福島第一原子力発電所事故の放射能漏れによって屋内退避区域に指定された。

*13――さだは2011年6月8日から被災地の福島や宮城、岩手を訪問。福島では鎌田と合流し、ミニライブなどを行なった。集まった1000人近くの人たちは鎌田の話やさだの歌に涙したという。

*14――2014年4月15日、スカイホール豊田で「東日本大震災復興支援　いのちのメッセージ　～鎌田實・さだまさし　トーク&ライブ～」が行なわれた。

金はないが「小銭」はあると、私たちを楽しく勇気づける

小林幸子

「俺はいらない。さっちゃんに」

兄《あに》ぃ――さだまさしさんのことを、私、こう呼んでるんですけど、実は随分昔からの知り合いなんです。

一時期、私も兄ぃも、ワーナー・パイオニアというレコード会社に所属していました。1970年代というのは、レコード会社も音楽業界も今より元気で、「レ

コード大賞」[*1]（‖部の註は126頁から）をはじめとした音楽祭も花盛り。各社、こぞって自分の所属歌手に栄冠を取らせようと、宣伝活動に熱を入れていました。レコード会社にしてみれば、あれも、これも、というわけにはいきません。その年にいちばん勢いのあるレコード、歌手に力を注ぐ必要があります。

私は10歳の時にデビューしたんですが、そのあとしばらく売れない時代が続いていました。そんな私にとって起死回生のヒット曲になったのが『おもいで酒』[*2]です。最終的にダブルミリオンのヒットとなりました。

1979年のことなんですけど、この年は他にもヒット曲が目白押しだったんです。同じワーナーからは、兄ぃの『関白宣言』。会社は随分、悩んだそうなんです。『おもいで酒』をプッシュすべきか、それとも『関白宣言』か。

迷ったスタッフが、兄ぃに直接、聞きにいったんですって。

「さださん、賞欲しいですか？」

その時に、賞レースに、小林幸子とさだまさしの名前が挙がっていると伝えたんだそうです。するとさだ兄《にい》、何と言ったと思います？

「俺はいらない。さっちゃんにあげてくれ。そういう賞っていうのは苦労して頑張ってきた人にあげるのが、いちばんふさわしいものなんだと思う」

『おもいで酒』は、デビューして15年目にようやくいただいたヒット曲でした。28枚目のシングルです。私はこの曲で、その年の日本レコード大賞最優秀歌唱賞を頂戴しました。

でもね、この話、一度も本人の口から聞いたことがないんです。おくびにも出さない。まっさんらしいでしょ？

2年待った素敵な曲の最後に……

そのあと、『ザ・ベストテン』*3で何度か会うようになり、だんだんと仲良くなりました。

1993年には、『約束』*4という曲も作ってもらいました。これはその年の紅白歌合戦でも披露しました。ものすご～く時間がかかって、まあ2年待ったんですけどね（笑）。

「ごめんね、さっちゃん。やっとできたんだよ」

とカセットテープに吹き込んだ歌を持ってきてくれました。

今でもそのテープ、大切に持っていますけど、テープの中ではさだ兄が歌っています。聞いてみると、それには続きがあった。

「ところでさっちゃんさ、テープ余っちゃったからさ、うーん、どうしようかなぁ。小咄《こばなし》でも聞く？　いらない？　あっそう。ごめんね、じゃあね～」

と自分でツッコミを入れて終わってるの。もう笑っちゃって。

『約束』って、母親をテーマにした曲で、聴きながら「なんて素敵な曲なんだろう」って思ってたのに最後にこれでしょ？　吹き出しちゃったわよ。

そんなことがあって、妹の玲子[*5]ちゃんとも一緒に食事するようになって、で、玲子ちゃんは当然、さださんのことを「お兄ちゃん」って呼びますよね？　それで私も、「お兄ちゃん」とか「兄ぃ」「さだ兄」って呼ぶようになって。まさしさんの反応？　最初は嫌がってましたね（笑）。

「〝兄ぃ〟とかいうのやめろよ。年が一個しか違わないのにお兄ちゃんはないだ

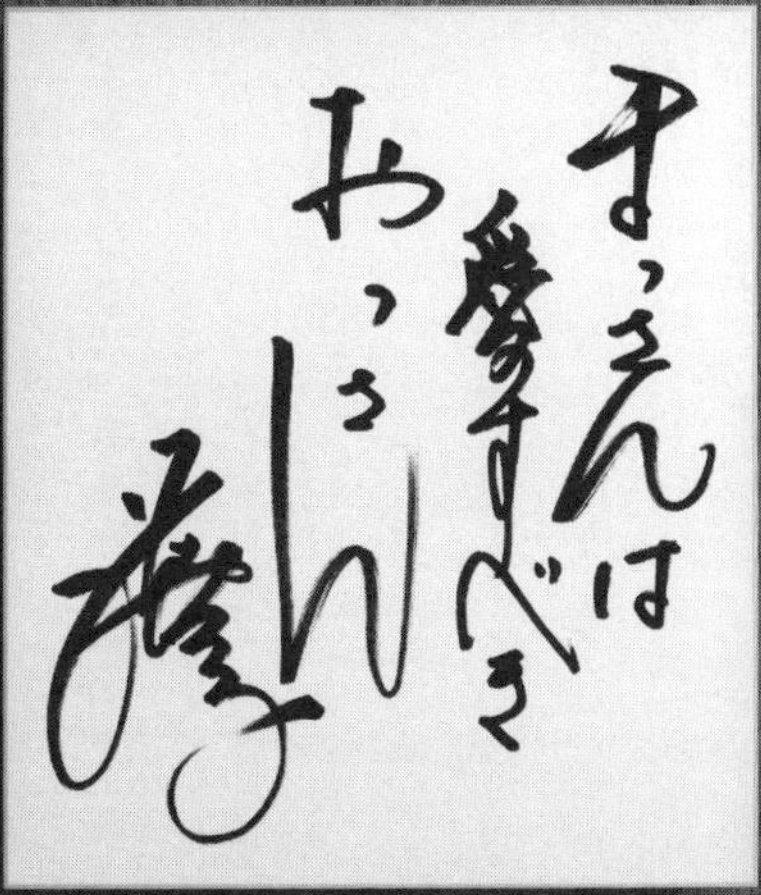

小林幸子（こばやし・さちこ）

1953年新潟生まれ。10歳で歌手デビュー。ニコニコ動画などで若い世代からも支持を集める。YouTubeで『小林幸子はYouTuBBA‼』公開中。

www.sachiko.co.jp/

ろ」だって。私は、「一個だって年下じゃない」って言い返しましたけどね。でも最近はね、あんだけ「やめろよ」って言ってたのに、私と話していると「お兄ちゃんがな」とか自分で言うようになってきて(笑)。

「真実はひとつ。きちんと歌おう」

『おもいで酒』がヒットした年末に初めて紅白歌合戦に出場したのですが、そのまま2011年まで連続して出場を続けていました。

翌2012年、例の事務所トラブル*6が起きてしまいます。そのせいもあって、所属していたレコード会社は新曲のリリースの無期限延期を決めました。紅白歌合戦が叶《かな》わない以上に、歌手なのに曲が出せないというのは、死亡宣告を受け取ったようなものです。私はレコード会社との契約解除をお願いして、インディーズレーベルを立ち上げ、新曲を発表しようと考えました。

でもね、一度ついた悪いイメージが消えなくて、誰も新しい曲を作ってくれない。頼んでも皆断ってくる。四面楚歌《そか》です。もう追い込まれてしまった。それでさだ兄の携帯に電話したんです。留守電でした。

「もしもし、小林幸子です。……兄ぃ、助けて!」

それだけ入れて電話を切りました。

そしたらその10分後、さだ兄から電話がかかってきたんです。

「どうした!」

今考えると、私が死ぬかと思ったのかもしれませんね(笑)。

これまでのいきさつを話しました。

さだ兄の答えはこうでした。

「さっちゃん、あのね、真実ってのはね、ひとつしかないんだよ。だから何があってもどんなことがあっても、それはいつかわかるから。真実はひとつだから。こわいこと、何もないから。だから何も言わなくていい。さっちゃんは、いい歌をきちんと歌っていればいいだけだから」

本当にそうだな、と思います。兄ぃは、私が新曲を出せずに困っていることを知ると、「よし、わかった!」と二つ返事で曲作りを引き受けてくれました。

「ただ幸《さち》……いつまでに欲しいんだ？」

この電話をしたのが、2012年8月上旬のことでした。

「8月の末までには……」

私も無謀なお願いをしているのはわかっているんです。だって、前回の時は2年かかっていますから。

「う～ん、わかった。とりあえずできたら電話するから」

さだ兄との電話はそこで終わりました。

どうなったと思います？　なんと次の日に、

「できたぞ！」

と電話があったんです。本当に驚きました。

これ、後日談があって、なぜそんなに早くできたかというと、電話した日の翌日に、都内のスタジオを偶然、押さえていたそうなんです。スタジオに籠《こ》もって、曲を作る予定だったんですね。

それが実は、鈴木雅之さんの曲*7で……。さだ兄のことだから、やっぱり押せ押せになっていて。それをどうしても作らなきゃいけないってスタジオを押さえていたのに、小林幸子の歌を作っちゃったんですって（笑）。それで鈴木さんは、また後回しになっちゃったという……。

あとでさだ兄から直接、言われました。

「さっちゃんさ、鈴木雅之には言うなよ。あ、それと岩崎宏美*8。あいつの依頼だって何年越しなのに、まだできてない（苦笑）。さっちゃんに1日で作ったってバレたら、俺、宏美に殺される」

懐石料理を食べる前に「うどん」

「兄ぃ、助けて！」の電話の話は、さだ兄の中では完全に笑い話に作り替えられています。

「さっちゃんが〝助けて！〟って留守電に入れるから、俺、慌てて電話したんだよ。〝なんなんだ、金はないぞ！〟って」

永六輔*9さんと一緒で、深刻な話もさだ兄にかかると、すべて笑い話に変わってしまう。きっとそのお陰で、救われるんでしょうね。

さだ兄は、難しいことは易しく説くし、易しいことは深く説く。私にとっては、さだ兄との時間は「さだ塾」に通っているようなもので、いつも何かしら勉強になります。

今では一緒に食事に行くと、10人くらいの大所帯になることがあるんですけど、メンバーはジャンルも年齢層もバラバラ。Kis-My-Ft2の北山宏光くんとか、ゴスペラーズの北山陽一さんとも、そこで会ったことがあります。

若い噺家さんが参加することもあるんですが、先日、嘆いていました。

「もうやだな、さださん、俺より面白いんだもん、小咄が」

まあ、さだ兄とは年季が違いますからね。兄ぃは50年間もステージで小咄を披露してるんだから。

さだ兄は、こうした食事会の時は、まるで学校の先生です。こんな先生が学校にひとりいたら、その学校は楽しいだろうな。だって、どんなボールを投げても、全部キャッチして投げ返してくれるんですから。で、真面目に教訓めいたことを語っていたかと思うと、最後に必ずオチをつける。もう爆笑です。そんなふうだから、説教っぽい話でも上から押しつけられているような感じもしません。

周りをよく見ているんですね。10人いたら10人全員に気を遣うし、全員の話にツッコミを入れる。もちろんウケもとる。

知識も豊富ですよね。私、新井満*10さんに作っていただいた『万葉恋歌　ああ、君待つと』*11という万葉集*12をモチーフにした歌があるんですが、これが和歌を並べてラブソングに作り替えたというすごい歌。で、そのご縁で、新井満さんとさだ兄と私の3人で、食事に行ったことがあるんです。

当然、万葉集の話題になったんですが、何ですかね、さだ兄。新井満さんはそういう歌を作るぐらいだから、当然、万葉集に詳しい。ところがさだ兄も、それに負けず劣らず詳しい。空で、万葉集の和歌がスラスラ出てくるんです。新井満さんも「よく知ってるねぇ」と驚いていました。

ただ、もうちょっといろいろ食べないと、心配かな……。自分はね、「食べろ、食べろ」と皆に勧める。「ここの蟹《かに》はうまいんだ」とか「スペアリブはこの店に限る」とか、あれこれ言う。ところがさだ兄を見ると、ほとんど手をつけないでお酒ばかり飲んでいる。

一度、妹の玲子ちゃんから、

「あなたは朝食に出てくるようなものしか食べないじゃない！」

と叱られていました。

先日、懐石料理のお店に行った時も、「この店は本当においしいんだ」と言いながら、ほとんど手をつけない。なぜ食べないのか聞いたら、

「俺、今、うどん食ってきた」

ほんと、あり得ない（笑）。

レコーディング前に蛍の話を1時間

『茨の木』の次に作っていただいたのが『蛍前線』[*13]です。

2013年6月5日に、50周年の記念シングルとして発売した歌なんですが、その前の年にお願いしたはずなのに3月の時点でまだできていない（笑）。さだ

兄らしいといえばそれまでなんですが、さすがに50周年の節目はずらせない。そんな時、NHKの『生さだ』にゲストでお呼ばれしたんです。放送は3月31日。岩崎宏美ちゃんとか、加山雄三さんとか、泉谷しげるさんとか、いろんなアーティストの方が出演しました。

でね、生放送でしょ？　ここでさだ兄に公開プレッシャーをかけたんです。

「6月5日に、50周年なんです。50周年の記念楽曲が出るんです。……それがさだまさしさん作詩・作曲ということで」

スタジオからは歓声が上がりました。

「今日が締め切りなんですけど、まだできてないんです」

歓声は爆笑に変わりました。さだ兄、何て答えたと思います？

「1月中に渡す予定の岩崎宏美さんの詩、昨日渡したんです。1月になければ困るものを、昨日、渡したんです。10月の末に書き上げてないといけない小説、まだ書き上げてないんです」

いい加減でしょ？　で、「タイトルだけは決まってるんだ」って言うんです。

その場しのぎで言ったような感じでしたけど。

「『蛍前線』！　いいだろう、いいだろう。桜前線って言葉はあるけど蛍前線ってないだろ。これ、俺が作った。これ、いいよね」

メロディはこれから作るけど、アレンジは決めていないという。アレンジは誰がいいかと言うから迷っていると、

「わかった。今日なべちゃん[*14]来てるから、〝なべちゃんがいい〟って番組の中で言いなよ。そしたら引けなくなるから」

私もどこまでが冗談で、どこまで本当かわからなかったんですけど、本当に『蛍前線』という曲ができて、アレンジが渡辺俊幸さんになってしまった。嘘のような本当の話です。

通常、レコーディングに作詞家や作曲家が立ち会う場合、歌い方とか、細かくアドバイスをしたり、細部をチェックしたりすることが多いんです。

さだ兄もレコーディングに立ち会ってくれましたが、さあレコーディングしようか、というタイミングで、ずーっと蛍の話をしてくる。

「さっちゃん、蛍ってさー、結構肉食なんだよね」

それが延々1時間。スタッフから「さださん、すいませんがそろそろレコーディングを……」と言われて、

「そうだったっけね」

だって。この時、歌のアドバイスで言われたのはひとつだけ。

「さっちゃん鼻濁音[*15]使える？　ああそう。じゃあ鼻濁音にしよう。今だんだんね、鼻濁音をキレイに使える人がいなくなってきてるから、守っていこうね、俺たち」

さだ兄は「言葉の魔力」を持っています。人を幸せにする言葉だったり、傷つけない言葉だったり。そういう言葉を作詩するだけでなく、人にかけることができる。私もたくさん救われました。

さだ兄ファンから声援と拍手

そういえば、先の事務所騒動の頃、私、さだ兄のコンサートに観客として行っ

たんです。会場に入った時は、すでに場内が暗くなっていて人知れず席に着くことができました。

そのコンサートは二部構成で、一部が終わると、会場がパッと明るくなりました。休憩の合間に、さだ兄に挨拶しにいこうと思って立ち上がったんですが、「小林幸子が来てる」ってことが周囲にわかって、ざわざわざわっと広がりました。

二部の開始に合わせて、会場に戻ってきたのですが、会場はまだ明るいまま。そしたら会場から「さっちゃーん」って声がかかったんです。さらに「頑張ってねー!」という声があちこちから聞こえてきて、それが幾重にもなった。そして会場中が大きな拍手をしてくれたんです。私は立ち上がって、お辞儀で応えました。

ああ、兄ぃの優しさは、ファンにも伝染してるんだなって思いましたね。ファンが優しいから、兄ぃが優しいままでいられるのかもしれません。会場の方々は、私がいろいろバッシングされたりしていることもわかった上で、声援と拍手を送ってくださった。本当に温かい気持ちに包まれました。そういうコンサートを続けるさだ兄をすごいと思う。

2017年に初めて、風邪でコンサートをキャンセル[*16]したでしょ? 心配で、私、さだ兄の奥さんに電話したんです。「大丈夫?」って。

その時、いろんな話をしたんですが、健康診断を受けると必ず医者から同じことを言われるんだそうです。

「働きすぎです」

奥さんも「うちの人は完璧に働きすぎだ」って嘆いていました。

この間、娘さんの詠夢ちゃん[*17]と話をしたら、

「悩みがあっても、わからないことがあっても、お父さんには聞かない」

と言ってましたね。「なんで?」と聞いたら、

「長いんだもん、返ってくる話が」

だって。

二言、三言で返ってくるならいいけど、ずーっとしゃべり続けるから、「そのうち、面倒くさくなっちゃう」んだそうです。

家にいる時は大抵、何かをしゃべっていて、静かだと思うと、曲作りをしたり、本を書いたりしている。必ず何かしらやっている。

玲子ちゃんも、「もう諦めてる」って言ってました。

「お兄ちゃんは回遊魚*18だから。止まると死んじゃう。ずっと何かをやっていないとだめな人なの」

先日、さだ兄と食事の約束をしていて、約束の時間より30分以上前に着いてしまった。お店の中で待たせてもらおうと思って中に入ったら、さだ兄がいた。ノートパソコンを広げて一心不乱に何かをしている。

「何してるの?」

「本、書いている」

「私、邪魔?」

「いや、そんなことないよ」

でも邪魔そうだったので、テーブルの端のほうに移って、お茶を飲んで待ってましたけどね、他の人たちを。「これは働きすぎだ」と思いました。

借金を返し終わったのがいけなかったのかな。

「返し終わったから、ホッとして風邪を引いたんじゃないの？」と言ったら「えー？」と絶句してましたけどね。

実際、それまではこんなことを言ってたんです。

「さっちゃん。俺ね、金はないよ。でもね、遊ぶ金は持ってるよ」

すごくいい言葉でしょ？

「大きなお金はもちろんない。でもね、今日みんなとお酒を飲む金、ゴルフに行く金、どっか旅に行く金……。そういう遊ぶ金はあるんだよ」

今は「俺、最近、小銭あるから(笑)」が口癖ですが。

さだ兄、もうあなたはおっさんです。

おっさんなんだから、少しは休んでね。

*1――1959年に始まった音楽賞『日本レコード大賞』。第1回の大賞曲は、永六輔作詞、中村八大作曲の『黒い花びら』。毎年、TBS系で放送される。

*2――高田直和作詞、梅谷忠洋作曲のシングル曲。発売当初はB面だったが、有線などで同曲が注目され、A面にして再発売。200万枚を超える大ヒットとなった。

*3――1978〜1989年放送のランキング型音楽番組（TBS系）。黒柳徹子と久米宏のW司会も人気のひとつに。

*4――さだまさし作詩・作曲のシングル。母との思い出を歌っている。

*5――佐田玲子。さだの実妹で歌手。さだともたびたび共演する。アルバムに『彼方より』。

*6――小林の個人事務所「幸子プロモーション」のスタッフ退社をめぐり、マスコミが小林をバッシング。イメージが悪化し、新曲発売が無期延期となる。

*7――2012年10月リリースのシングル『十三夜』。さだは、アルバム『第二楽章』（2014）でセルフカヴァーした。

*8――岩崎宏美いわく「まさし教の信者」。『Dear Friends VI さだまさしトリビュート』（2012）という1枚すべてさだをカヴァーしたアルバムを作っている。さだが岩崎のために書き下ろしたシングル『あなたへ／糸遊（かげろう）』は2012年10月リリースされた。

*9――永六輔（えい・ろくすけ／1933〜2016）作家、作詞家、タレント。さだとの交遊は深く、さだとの対談本『笑って、泣いて、考えて。』（小学館）を出版している。

*10――1988年『尋ね人の時間』で芥川賞受賞。『千の風になって』の作曲、訳詩でも知られる。同曲

で日本レコード大賞作曲賞受賞。

*11──万葉集研究者の中西進より依頼を受け、万葉集の女性歌人の恋歌を新井満が編纂し、曲をつけたもの。2009年、小林の歌唱でCD化された。

*12──奈良時代に編まれた現存する最古の歌集。歌数4500余首。

*13──2013年発売のシングル。デビュー50周年記念曲。

*14──渡辺俊幸。作曲家、編曲家、指揮者。バークリー音楽大学で学び、現在は洗足学園音楽大学客員教授。さだの古くからの盟友で、グレープ解散後、さだは渡辺とコンビを組むことも考えていたという。

*15──「ガ行」を発声する際に、鼻に抜けることで音を柔らかくする。さだは美しい響きの鼻濁音がなくなりつつあることに危機感を抱いている。

*16──2017年6月、体調不良のため、4回連続コンサートが延期となった。

*17──佐田詠夢はクラシックピアニストとして活躍中。ユニット「プリティ・バッハ」として同名のCDも発表。2018年4月からは音楽番組『恋するクラシック』(BS日テレ)の司会も担当する。夫はゴスペラーズの北山陽一。兄の佐田大陸はヴァイオリニストで、音楽ユニット「TSUKEMEN」でデビューしている。

*18──マグロやサケなど広い範囲を移動する魚のことを言う。特にマグロは、泳ぐのをやめると呼吸ができなくなって死んでしまうと言われている。実際は潮の流れによって静止していられないだけで、「泳がないと死ぬ」は誤り。

相手の情熱も拙さも受け止め、素っ裸で向き合うカッコ良さ

ナオト・インティライミ

「ユニークな歌でいい」という衝撃

世界一周の旅[*1]（‖部の註は147頁から）から帰ってきたのが、2004年の終わりのことです。2005年の春からナオト・インティライミの名で活動を始め、2006年に旅のことを本にしました[*2]。その本の担当編集がさだまさしさんの知り合いで、コンサートに誘われました。「行きたい！　行きたい！」なん

てはしゃいで連れて行ってもらったのを覚えています。

というのも、僕にとっては中学生の頃から「さだまさし」は特別な存在でした。なぜか親が、CDが10枚以上組みになった「フォークソング大全集」を持っていたんです。かぐや姫*3とか、ガロ*4とか、松山千春*5とか、そういうアーティストの人たちの代表曲が入った全集です。

中学校からギターをやり出して、ちょこちょこっと曲を作ってみたりしていたので、それで改めて聴いてみました。そこに入っていたのが『雨やどり』です。この曲だけライブ音源で、お客さんの笑い声も入っている。で、家族みんなで聴くんですけど、いつも同じところで笑い転げて(笑)。父親も母親も、やっぱり同じところで笑うんです。30年も前の出来事なのに、家族の幸せな情景がありありと思い浮かびます。

なんというか……これもアリなんだなって。こんなユニークな歌でいいんだ、というのは衝撃的でした。

その頃の僕は、ギターを触ったりしていたけど、どこからどう見ても「サッカー小僧」。サッカーに明け暮れていて＊6、家に帰ったら寝るだけ。

それで、人生に「さだまさし」が再登場するのが、そのコンサートのお誘いだったわけです。2007年のことだったと思います。

ライブの10分前、いや5分前かな？

編集者の人が、楽屋まで連れて行ってくれたんです。

「さださん、この子、歌やってましてね。さださんのこと、好きだって言うから連れてきたんです」

「どうも初めまして、ナオト・インティライミです」

これがまっさんとのファーストミーティング。

きっと本番前だからピリピリしてるだろうな、と勝手に想像していたんですけど、何の緊張感もない。

「あ、どうもどうも。あー、そうなの。頑張ってね、うーん」

これから大仕事をやるような雰囲気はまったくない。「こんな人がいるんだな、世の中には」って思いましたね。それからは一ファンとして、自分でチケットを

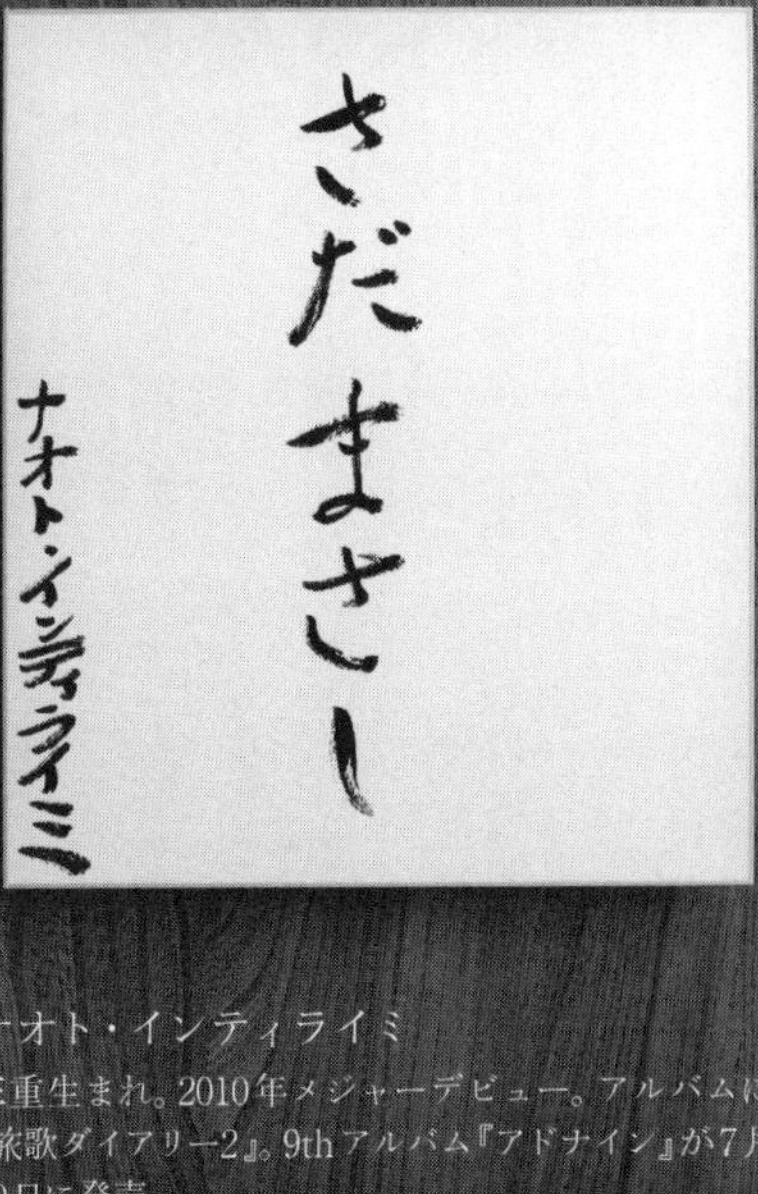

ナオト・インティライミ

三重生まれ。2010年メジャーデビュー。アルバムに『旅歌ダイアリー2』。9thアルバム『アドナイン』が7月19日に発売。

www.nananaoto.com/

購入して、コンサートに通いました。実はその時のことをブログ*7に記しています（２００８年12月5日）。

〈夜はね、「さだまさし」ＬＩＶＥ行ってきた。
35周年のツアー、全国48本回ってきた千秋楽。
人生2度目のさださんライブだったんだがね、もう完全病み付きです。
歌に、お話しに。完璧です。人の心を揺り動かす揺り動かす。。
ユーモアあふれるトークに引きこまれ、最後には強いメッセージが入ってくる。
緊張と緩和。しびれます。
ジャンルや世代は違えど、完全に未来の理想像であります。〉

うわぁ、今読んでも臨場感あるなぁ。

最初に連れて行ってもらったコンサートでＭＣの凄さにやられていたので、２回目からは、「さだノート」を持参していました。新聞記者のように、トーク中、手を動かしっぱなしです（笑）。

その時、思ったんですね。僕らの世代も全員、このコンサートを観なくちゃダメだな、と。会場で周囲を見回すと、やっぱり僕より年上の方が多い。本当は、20代くらいが聴きに来ないといけないんだって、強く思いました。

東日本大震災から僕を救ってくれた曲

僕のほうの音楽活動も活発になり始めていて、テレビにもちょこちょこ出させていただけるようになっていた頃です。2011年の夏、葉加瀬太郎さん主宰の夏フェス「情熱大陸ライブ」*8に呼ばれました。そこに、まっさんも出演していたんです！

楽屋前の通路でまっさんに遭遇しました。

「実は覚えていないかもしれないですが、4年前の調布のコンサートの時にご挨拶して、そのあとも、ライブをよく観に行かせていただいていて……」

「おう、そうなんだ。ありがとう、よろしくね」

この会話が正味40秒。最初の20秒が倍に増えました(笑)。最初に挨拶した時は、向こうにとって、何しているかわからない若造です。この時は、同じステージに立つことができた。きっと向こうも、この時初めて、「こいつはミュージシャンなんだ」と認識してくれたんじゃないかと思います。

で、次の年に『ミュージックフェア』[*9]でまっさんと本当の意味での共演を果たします[*10]。まっさんがメインで、ゲストがそれぞれ、まっさんとコラボレーションするという回でした。

何をやる？　という話になった時に、僕がリクエストしたのが『片恋』[*11]でした。実は東日本大震災の時、僕は精神的に参ってしまったんです。テレビ画面の向こうで起きていることは、決して他人事じゃない。ほんの紙一重。いつどこでも誰もがなり得る〝自分の姿〟でした。

あれほど好きだった音楽を聴くことができなくなりました。何を聴いてもしっくりこない。そんな時、この曲に救われたんです。嬉しかったなぁ。

『ミュージックフェア』での共演は、他の意味でも驚かされました。

僕は1曲だけですが、まっさんは3、4曲。しかもいろいろなアーティストとコラボしなければならない。アーティストが多ければ、それだけリハも多く、撮影は深夜3時までおよびました。

ところが、まっさん、元気なんです。文句も言わず、手も抜かず。それどころか、先頭に立って周りのスタッフを盛り上げている。深夜3時といったら、20代だってきついのに、還暦になったまっさんが高音を響かせている。僕にとって、ライブ前の緊張感のなさに続く、さだまさし衝撃第二弾でした。

この共演の時に、「飲み連れて行ってくださいよ〜」と直球でおねだりをしました。まっさんも「行こう、行こう」と言ってくれて。同じ音楽をする者として——最低限のレベルでしょうけど——認めてくれたのかな。

「お前、覚悟はできてんだろうな」

その一週間後、携帯が鳴りました。相手はまっさん。

「なんかさ、NHKの番組[*12]でさ、被災地に行ってくれっていうんだけどさ。連れが欲しい、と言ってるの。で、候補として名前が出てくるのが年寄りばっかりで面白くないからさ。若い奴と行ったほうがいいんだよ、こういうのは。ナオト、どう？」

最初、事情がよく飲み込めなかったのですが、まっさん、どうやらNHKの会議室から、企画の打ち合わせの最中に電話してきたらしいんです。「東日本大震災後の町おこしのために頑張っている地元のアマチュア音楽家たちを応援する」という趣旨で、その現場に、さだまさし＋αが訪ねる。

「ナオトがもし行けるっていうんだったら、今、決まるんだけど」

きっと会議中に、僕のことを思い出してくれたんでしょうね。もちろん、「スケジュールをズラしてでも行きます！」と即答しました。

こうして一緒に被災地に入ることになりました。大船渡*13と陸前高田*14です。ツアーの都合で、まっさんは1日後から入りました。

「ナオト、悪いな、こっちから誘っておいて。陸前高田と大船渡のバンドマンたちによろしく言っておいてよ」

まっさんが入ったその日、ロケは夜遅くまで続きました。1日の撮影が終わり、番組スタッフ20人ほどと居酒屋で打ち上げです。あちこちで「やっぱり今日は来て良かったな」という声が上がっています。

でも僕はずっとモヤモヤしていました。

僕自身、震災が起こってから、音楽と関係ないところで、がれき撤去などをしに、被災地に何度も足を運んでいました。僕には僕の思うところがあり、まっさんにはまっさんの思うところがある。

「今しか書けない歌があるんじゃないか」

そんな勝手な思いが、むくむくと湧いてきてしまったんです。しかも今はひとりじゃない。まっさんと一緒なら、このモヤモヤした感情を伝えることができるんじゃないかって思ってしまった。

実はまっさんと飲むのは初めてで、面と向かってじっくり話すのもこの日が初めて。昨日まで全国ツアー、今日は夜遅くまで収録、というまっさんを前に、僕の口からは言葉がつい出てしまった。

「ちょっと今……曲……一緒に作れないかなって……」

「今ここで？　バカ言ってんじゃないよ」

「そ、そうですよね……」

「ナオト、お前、曲を作るってどういうことかわかってるのか。そんな甘っちょろいものじゃないぞ。……まあ、お前が言わんとしていることもわかる。でもこんな時間だぞ」

当たり前です。曲作りはそんな容易《たやす》いことじゃありません。でも自分の中の思いをせき止めることができなかった。もしこのまま東京に戻って、スタジオで作業をしようとしても、きっと熱量が違う。「今」なら書けても、時間を置いたら客観的になってしまう。だから作りたい。一緒に作りたい。

押し黙った僕を見て、まっさんがスタッフに声をかけました。

「ちょっとギター持ってきて」

「えっ?」

「(ギターを持ちながら)よしお前、覚悟はできてんだろうな」

「あっ、はい!」

「よし、いくぞ!」

「なるほど、いいじゃねぇか」

この時のことは鮮明です。すぐに居酒屋の隅に移動して、曲作りが始まりました。

まず、お互いが今、感じていることをぶつけ合いました。

「俺たち、なんにもできないよな」とまっさん。

「でも寄り添うことはできますよね」と僕。

「震災って、不可抗力ですよね。自分ではなんにもできない。明日死ぬかもしれないわけですよ。男の子が手を上げて青信号を渡ってても、居眠りダンプが突っ込んできたら死ぬわけですよ。なんにも悪くなくても、いきなり明日がなくなることがあるわけじゃないですか」

そう言ったら、まっさん、

「それいいじゃねえか。冒頭の歌詞にしよう」

〈たとえば青信号を渡る少年が／事故に遭うことがある／あんなに頑張ってるの

に／酷い目に遭う人がいる〉

僕がちょっと口にした思いが、詩になって書き付けられていく。そのクオリティの高さを目の当たりにしました。詩が生まれる瞬間に立ち会っていたんです。まっさんがそうやって詩をおこしていく傍らで、僕はメロディを作り始めました。するとまっさんが、声をかけてきました。

「サビの詩、こんなんどうだ？〈笑っちゃうくらい　今を生きている〉」

ブワーッと鳥肌が立ちました。これをたった今書いた、ということがしばらく信じられませんでした。もうメロディが鳴ってるんです。詩を聴いた瞬間、言葉が音楽に変わってる。僕もすぐに、それを形にしました。

「じゃあこんなメロディでどうですか？」

「いいじゃねぇか」

「本当ですか！　じゃあ続けます！」

僕はこの作業を通して、「さだまさし」という作曲家としての才能も目の当たりにします。

「Aメロ*15、こんなんどうですか？」

「それは普通だから、このコード*16だったらこのテンションの音から始めると丁度いい緊張感でオシャレだから」

　アドバイスの通りやってみます。

「ほんとだ、このコード、こんなところから始めるのもありなんですね。……そうかぁ、じゃあこのメロディ、ここまで上げてみます」

「いいじゃねぇか」

「はい、たしかに緊張感が出ます」

　詩はまっさんが中心で、曲は僕が中心で作っていきましたが、お互いに意見交換を繰り返しました。

「まっさん、ここの歌詞、まっさんの世代にはもちろん届くと思うんですけど、僕らの世代だとちょっと難しいですね。もう少しわかりやすい言葉で……たとえばこういうのどうですか？」

「なるほど、いいじゃねぇか」

こんな感じです。そういえばまっさん、途中でこんなことを言ってました。

「昔、小田和正さんと曲作った[17]ことあるけど、こんなにガチガチやるのって初めての経験だな」

朝5時までかかりました。それが『きみのとなりに』[18]です。作詩・作曲が「ナオト・マサシ・インティライミ」となっているのはそういう理由です。どちらかひとりでも生まれなかった曲。さだファンにとってみれば「さだ節」が感じられるし、ナオトファンには「ナオト節」がちゃんとある。

僕があの晩、無謀なお願いをしなかったらこの曲は生まれなかった。何より、2人で被災地に入って、いろいろ感じたからこそ生まれた。あのタイミングであの場所にいなければ、絶対に誕生しなかったと思います。

アラファト議長とさだまさしの共通点

僕、世界一周の旅をしていた時に、偶然のチャンスを捉《つか》まえて、PLO[19]のアラファト議長[20]の前で『上を向いて歩こう』[21]を歌ったことがあるんです。しかもその後、食事会に呼ばれ、その席でアラファト議長に直接、平和の思いを訴えてしまった。突然、日本人の青年が（しかもこの時、バックパッカーの僕はドレッドヘアでした）、言葉足らずで失礼で、しかも拙い英語で平和を語る。驚いたに違いありません。でもそれを大きく受け止めてくれた。僕の情熱をキャッチしてくれたんです。

まっさんもそうです。こっちの無謀な情熱をガシッと受け止めてくれる。拙さも含めて受け入れてくれる。

まっさんとは、この曲作り以降、ぐっと距離が縮まりました。

多分、音楽番組でコラボするって、一日デートのようなものです。お互い、カッコつけたままでも何とかやり過ごせます。誤魔化しが効く。でも曲作りは違います。お互い素っ裸になって、さらけ出さないと無理です。たとえるなら同棲《どうせい》するみたいなもの。

今、思い返しても、よく曲作りにOKしてくれたなと思います。一緒に作るにしても「だったら曲を書いてこい。詩をつけてやるから」ということだってできる。その場で作る必要はありません。でもわざわざ、若手のミュージシャンの立っているところまで降りてきて、一緒になって朝まで作業してくれた。

今では、一緒によく飲むようになりましたが、その時も「さだノート」は欠かせません。2回目のライブから付け始め、もう6、7冊になりました。最近では、まっさんがトークのネタにしているようですが……(笑)。

まっさんとは、一緒に食事に行くだけで、大学の講義を2〜3週分聴いたような濃さがある。有益な知識が、わかりやすい話となって、体に入ってくる。ものすごく気持ちのいい経験です。

最近は、「言葉」だけでなく、「音楽」も受講しています。

皆と大勢で飲んでいる時のまっさんはONのまっさんで、皆に等しく気を遣います。解散するとOFFになるんですが、そうするとなんか僕に対しての雰囲気が変わるんですよね。親戚感が出るというか。多分僕は、まっさんの中で「音楽好きの甥《おい》っ子」という位置づけ。きっと「何かちょうだい!」という気持ちが外に漏れちゃってるんでしょうね(笑)。「甥っ子の頼みじゃしょうがねぇなぁ」というおじさんのノリで、「家に来るか?」と呼んでくれる(僕のことを気遣って、「明日早いから帰れ」という時もあります)。

ピアノとギターのある部屋で、2人きりの2次会です。

歌詞をメロディに乗せるやり方、メロディティク、コード進行……。話題はかなり細かいことにおよびます。僕のこれまでの音楽に対する知識や概念は、簡単にぶっ壊れます。

心なしか——僕が言うことじゃありませんが、まっさん、楽しそうなんですよね。まっさんのマインドとか、言葉とかにフォーカスすることはよくあると思うんですけど、ここまで音楽のノウハウに食い付いてくるヤツっていなかったんじゃないかって。深夜なのに、ギラギラしてますからね(笑)。

毎日脱皮して新たな「さだまさし」

僕からすると、まっさんは「さだまさし」という唯一無二のジャンル、存在です。さだまさしはさだまさしでしかない。誰も代わりが務められません。だから体だけは気を遣ってほしいなあ。

だって、働きすぎなんですよ。スケジュールを聞くたびに「嘘でしょ⁉」と毎回思います。たとえば僕ら若手だって、レコーディングの前後は予定を空けます。前日は喉を痛めたくないからだし、レコーディングの後は興奮しているから何も手につかない。でもまっさんは、ツアー開始の前日にレコーディングは当たり前、ツアーが終わった翌日にレコーディングというのもある。で、飲むし、合間に原稿も書く。当然、睡眠時間は短くなって、ちょっと寝たらすぐに仕事へ向かう。先日、本気で「もうこういう働き方はやめてください！」と言っちゃいました。

毎日生まれ変わってる人だものなあ。きっと毎日1回、脱皮してるんです。生きて、死んで、生きて、死んで……。1日1日を、毎回新しい「さだまさし」として生きている。だから「さだまさし」は、いつでも新しく、僕たちに興味深い存在なんだと思います。

*1―24歳になる年に世界一周へ出発。28カ国を515日かけてひとりで渡り歩き、各地でライブを行なった。
*2―『世界よ踊れ 歌って蹴って! 28ケ国珍遊日記 アジア・中東・欧州・南米篇』(幻冬舎文庫)
*3―1970年デビューのフォークグループ(南こうせつ、山田パンダ、伊勢正三)。『神田川』や『妹』などのヒットを飛ばす。
*4―代表曲は『学生街の喫茶店』。1971年デビューのフォークグループ。
*5―北海道出身のシンガーソングライター。代表曲に『大空と大地の中で』『長い夜』。
*6―かつて柏レイソルのジュニアユースチームに所属。
*7―公式ブログ ameblo.jp/nanaoto/
*8―ヴァイオリニストの葉加瀬太郎が主宰する夏の野外音楽フェス。
*9―1964年よりフジテレビ系で放送されている音楽番組。
*10―2012年6月23日放送。さだは他に、エレファントカシマシ・宮本浩次と『主人公』を、山崎まさよしと『空になる』を共演した。
*11―アルバム『予感』(2010)収録。
*12―BSプレミアムで放送された『再び歌を 再び夢を!~さだまさし&ナオトのライブ大作戦~』(2012・10・25)。
*13―人口4万人弱の岩手県の太平洋沿岸の市。震災の大津波で甚大な被害を受ける。

＊14――大船渡市に隣接する人口2万人弱の岩手県の市。津波に耐えた「奇跡の一本松」で知られる。
＊15――歌い出しの部分。Aメロの次にくるメロディ、フレーズをBメロという。
＊16――複数の音が組み合わさってできた和音のこと。
＊17――毎年クリスマス前後に放送される音楽番組『クリスマスの約束』（2007）で、さだと小田がコラボ。『たとえば』（作詩・さだまさし、作曲・小田和正）を共同で作った。
＊18――曲が完成したその日に「岩手県高等学校総合文化祭」で初披露。さだのアルバム『Reborn』にも収録。
＊19――パレスチナ解放機構の略。イスラエル支配下にあるパレスチナを解放することを目的とする。
＊20――ヤーセル・アラファト（1929〜2004）パレスチナ解放運動の指導者。パレスチナ自治政府大統領とPLO議長を兼務。1994年にノーベル平和賞を受賞。
＊21――歌・坂本九、作詞・永六輔、作曲・中村八大で1961年にリリース。海外では「スキヤキ」の題で知られ、1963年に米国ビルボード週間チャートで1位を獲得した。

手を替え品を替えて伝える強烈な「人間愛」メッセージ

カズレーザー

「ひとりカラオケ」で『二軍選手』を熱唱

「さだまさし」を好きになったのは、両親が運転する車の中がきっかけでした。小学生の頃、毎週土曜日に、自宅から離れたそろばん教室に通っていたんですが、その車内でラジオが流れていた*1（‖部の註は163頁から）んです。

自宅を出るのが午後3時頃で、車のラジオをつけると、さださんがしゃべってました。その時、『北の国から』も知っていたし、『関白宣言』も聴いたことがあったけど、ラジオの中でしゃべっている人と、『北の国から』を歌っている人が繋がらない。そもそも、番組ではリスナーのハガキを読んでるばかりで、さださんの曲がほとんどかからない(笑)。しばらくの間、土曜3時に文化放送でしゃべっているおじさんは、「ラジオパーソナリティ」だと思っていました。それもしゃべりが流麗な。

意図して聴いていたわけじゃないし、ラジオ小僧でもありませんでした。僕の周りでも「ラジオ好きの小学生」なんていませんでしたし。単純に、車で塾に通う間に聞くとはなしに聞いていただけです。

ところがこのラジオがとてつもなく面白い。気づくと、毎週、さださんのラジオを車内でがっつり聴く、というのが生活のサイクルになっていて、すっかり習慣化されていました。最終回も車の中で聴いたと思うんですよねぇ。

「あっ、番組終わるんだ」

と思った記憶があります。当然、親も一緒にラジオを聴いているわけですが、ある時、親父から「この人だよ」とレコードを見せられました。

親父はフォークソングが好きだったみたいで、その頃のレコードがいくつかありました。さださんに関していうと、「さだまさし」より「グレープ」*2のほうが多かった。それで親父からレコードを借りて、それをカセットテープに落とし込み、さださんの曲を聴くようになりました。

実は、普段からそれほど音楽を聴かないんです。

聴くとしても、どちらかというとイージーリスニング系で、もっぱら聞き流す。歌詞もわからないほうがちょうどいいくらいで、だから洋楽のコンピアルバムとか、そういうものばかり買っていました。作り手にとっては失礼な話かもしれませんが、なんとなく体を通り過ぎていくというか。耳に心地好くて、意識を集中しなくても聴ける曲。そういう音楽ばかり流していました。

でも、さださんの音楽はそういうわけにいきません。なんて言うんだろ、下っ腹に力を入れないと聴くことができない。曲のテーマをきちんと理解した上で、「よし、今日はこれを聴こう！」

と居ずまいを正さないと聴いてはいけない気がしてしまう。こんな気持ちになるのは、唯一さださんの音楽だけなので、きっと「好き」ということなんだろうと思います。カラオケでもそうです。テレビ番組で、

「さださんとワム！[3]しか歌わない」

と言いましたが、あれはちょっと盛ってます（笑）。皆で行く時は、ジュリー（沢田研二）とか、大勢で盛り上がる曲をチョイスして歌います。でもひとりでカラオケに行く時は、ヘビロテでさださん。さださんを歌い続けて、最後は『主人公』[4]で締める、というお約束。

最近の「ひとりカラオケ」でのお気に入りは、『二軍選手』[5]です。あの曲、本当にめちゃめちゃ好きなんです。行きつけのカラオケ店に入っておらず、なかなか歌えないのが残念なんですが（笑）。

10年間でトータル20万円の給料

『二軍選手』は、芸人になってから好きになった曲です。

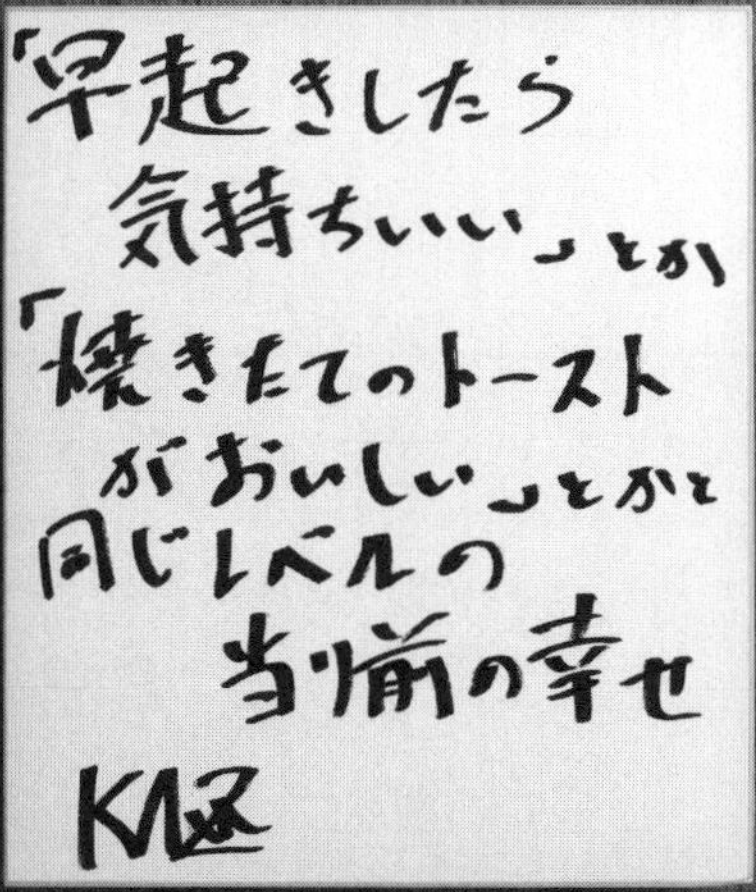
「早起きしたら
気持ちいい」とか
「焼きたてのトースト
がおいしい」とかと
同じレベルの
当り前の幸せ
KAZ

カズレーザー

1984年埼玉生まれ。同志社大学卒。2012年メイプル超合金結成。YouTubeで『カズレーザーの50点塾』公開中。

sunmusic-gp.co.jp/talent/maple_chogoukin/

歌に登場する、芽が出ないプロ野球の二軍選手と、デビューしたけれどまったく売れなかった歌手。これ、僕ら芸人と重なるんです。

実際僕も、22～23歳で芸人の仕事を始めましたが、最初の頃は、仕事もなければ収入もない（笑）。お笑いライブでネタを披露しても収入にはならず、芸人としての年収が0円、なんていう年もありました。お金がなくても、芸人をやっているだけで楽しかったので何とか続いてきましたが、事務所もそのうち匙《さじ》を投げた（笑）。

僕、それまでピン芸人だったんですけど、ある時マネージャーから、

「このままスベり続けて死ぬのか、コンビを組むか、選べ」

と最後通牒《つうちょう》をつきつけられてしまいまして（笑）。死にたくはなかったので、コンビを組みました。それが「メイプル超合金」*6です。

2015年になって、ようやく給料をもらえるようになったんですけど、それだって最初のうちは月3万円。芸人を始めて最初の10年間は、トータルで20万円くらいしかもらってないいんじゃないかなあ。

売れない芸人でいることに焦りはありませんでしたが、それでも時折、「こんな生活、いつまで続けられるのかな」って、安い酒を飲みながら気にしていました。「30歳になっても売れなかったら辞める」とか、そういう確固たる区切りも決めていなかったし、芸人を辞める理由も見つからなかった。ふと冷静になった瞬間に「芸人を辞めたほうがいい」と頭をよぎったはずなんですが、芸に夢中になることで、そういう考えを吹き飛ばしていました。いい意味で、周りが見えていなかったんでしょうね。

実際、テレビに出るようになり、収入も知名度も上がりましたけど、売れたのは偶然だなと思います。たまたま運が良かった。『二軍選手』の芽が出ないプロ野球選手も、レコードが売れない歌手もそうです。たまたま運が悪かっただけです。お世話になっている芸人の大先輩に、芸歴20年とか30年の方がいます。中には、正直、それほど食えていない人もいる。

最初の頃は、疑問でした。「なんで食えないのに芸人を辞めないんだろう」「何が楽しいんだろう」と思っていました。でも今ではわかります。『二軍選手』の中に答えがありました。

〈誰もが夢見るスターのポジションは／もう僕らに与えられることはないけど〉

夢はすでに破れてしまっていて、そのことに自分たちも気づいているけれど、破れたからってどうってわけじゃない。

〈彼は心から野球を愛してる／僕は心から歌を愛してる／たとえ泥まみれで捨てられても笑ってみせる／たぶん自分の事以上に愛してる／そう　自分の事以上にね〉

きっと、芸を愛しているということ以上に大事なことはなくて、だからいつでも笑っていられる。10代の頃に『二軍選手』を聴いていたら、この深い内容がわからなかったかもしれません。30歳を過ぎたから響いて来た。

よく考えてみれば、人類皆一度は夢に破れてる（笑）。「夢をすべて叶えました」なんて人はいません。だからさだまさしさんの『二軍選手』は、全人類に響く歌だと思ってるんですが、どうですか？　カラオケで歌っていても、感情が高ぶってしまって、なかなか抑えられなくなります。

個人と人類全体の「幸せ」を繋げる

さださんのアルバムで、最初に購入したのは『夢の轍』[*7]でした。

この中の『償い』[*8]をじっくり聴いた時に、「こんな歌を歌う人がいるんだ！」と衝撃を受けました。

この歌の中に、こんなフレーズがあります。

〈人間って哀しいねだってみんなやさしい〉

これなんだ、と思いました。さださんの魅力って。

圧倒的な人類愛を伝えようとしている。それは歌手さだまさしであっても、小説家さだまさしであってもそうです。さださんの作品のすべてに「やさしさ」が通底している。

たとえば、星新一[*9]さんだったら「驚き」がメインテーマです。彼のショート・ショートは、たくさんの驚きで溢れています。同じような意味で、さださんのテーマは「やさしさ」なのです。

『前夜（桃花鳥《ニッポニア・ニッポン》）』*10や『遙かなるクリスマス』*11もそうです。

ここでは「人間個人の幸せ」が語られているんですが、実はそれを広げていっても、人類全体の幸せには決して繋がらない、という現実や矛盾を描いている。これ、さださんのメッセージだと思うんです。

個人の幸せ＝人類全体の幸せ、ということじゃないのなら、個人と全体を切り離してしまって、個人の幸せだけを考えればいい、ということじゃない。ふたつを断ち切るんじゃなくて、「人間愛」を接点として、個人と人類全体を繋げようとしている。

「個人の幸せ」がぶつかり合うこともあります。

たとえば『甲子園』*12。

この歌は、喫茶店のテレビで夏の甲子園の準決勝を見ている、という設定なんですが、テレビの実況が突然、「ホームラン！」と叫びます。

普通に考えれば、ホームランはプラスのイメージです。しかも喫茶店で何気なく見ているんだから、「おっ、やったね」となる。

ところがさださんは、このプラスのイメージを反転させるんです。

〈また誰かの夢がこわれる音がする〉

ホームランを打たれたピッチャーの側から、ホームランを表現する凄さ。個人の幸せが、一方で別の個人を不幸せにしているというリアル。この切り口はさださんだなあ。『二軍選手』でもそうですが、さださんは一貫して、敗者にやさしい眼差《まなざ》しを向ける。これがさださんの「やさしさ」「人間愛」です。

年間200冊以上、本を読みますが、さださんの本は、もちろんプロの小説家レベルです。僕は「さだまさしの詩」のファンなので、さださんの小説は、詩の世界を贅沢《ぜいたく》に楽しめるメディアです。

小説の内容は、「人間愛」に溢れています。いちばん好きな小説は『眉山』*13。ひと言で言ってしまうと、「お母さんが死ぬ」という話なのに、最後の最後まで、お母さんの死を描写しない。これぞハートウォーミングの極致っていう表現で、悲劇なのに心が温まる。きっと「やさしさ」で溢れているからです。

ネタバレするので詳細は伏せますが、ラストシーンのお母さんの毅然《きぜん》とした態度、動揺するシチュエーションなのに表情を崩さない強さ。こういうキャラクターを生み出すさださんはすごいと思います。ヘンな言い方かもしれませんけど、それこそ、手を替え品を替え（笑）、いろいろな表現やいろいろな方法で、さださんは「人間愛」というメッセージを伝えようとしていると思うんです。

これは僕にとっても大事なメッセージ（笑）。

どっちかというと、僕はドライな性格で、さださんの発する人間愛の強烈なメッセージを自分の中に入れないと、人間として腐っていく。「やさしさ」を定期的に取り込むために、さださんを聴いているところがある。聴いていなければ、もっとひどいヤツになっていたかもしれない（笑）。

子どもも孫にも歌を聴かせたい

つまり僕は、「さだまさしのいた時代」を生きている世代なんです。生まれた時にはすでにさださんがいた。こんな幸せ、ないと思うんですよ。

「早起きしたら気持ちいい」とか、「焼きたてのトーストがおいしい」とか、そういうのと同じレベルの〝当たり前の幸せ〟として、僕はさださんを受け止めています。

もし自分の子どもが生まれたら、子どもにはさださんの歌を絶対に聴いてほしい。その孫にも聴いてほしい。子々孫々聴き続けてほしい。それもさださんの生歌で。

科学の進歩で、さださん、不老不死になんないっすかね？

不老不死になって24世紀くらいまで歌い続けるという……。僕は不老不死なんて勘弁ですけど。

さださん本人に初めてお会いしたのは、『生さだ』の時です。

いやあ……緊張しました。普段はどんな人と会ってもそれほど緊張しないんですけど、さださんは、芸能界に入ってから、数少ない緊張した相手です。

本当にそのまんまの「さだまさし」でした。

さださんのやさしいボイスに、僕の鼓膜が喜んでいるのがわかる（笑）。しかも柔和な笑顔。……そしてしゃべる。やたらしゃべる。しゃべりがまったく止まらない（笑）。

「あれ、俺、ゲストだよな？」と途中で、首捻《ひね》っちゃいましたもん。さださん、ゲストにしゃべらせる隙を与えない。「この世にこんなおしゃべりがいたのか！」っていうくらい、立て板に水で留《とど》まることなくしゃべり続ける。

そのあと、関ジャニ∞さんの番組*14でもご一緒したんですが、企画のひとつとして、さださんが即興で歌を作ったんです。これがカッコイイ！

さださん、音楽に集中している時は、キリッとして超男前になるんですね。で、そのままキリッとしておけばいいと思うんですけど、歌を作り終わったら、急にボケてくる。しゃべり倒す。……あれ、我慢できないのかなあ（笑）。

そうそう、『生さだ』の時のことも思い出しました。僕と一緒に、ももクロも出ていた*15んですけど、さださん、ももクロと絡む時に、どうしようもないほどデレデレするんです。そこまでデレデレするかっ、というくらい。さださん、かわいいコにだけデレデレしすぎじゃないですか？　あれ、威厳なくしますよ（笑）。

＊1──毎週土曜の日中に放送していた『(有)さだまさし大世界社』(文化放送、ABCラジオ／1994〜98)のこと。

＊2──さだが高校時代の同級生・吉田政美と結成したデュオグループ。1973年に『雪の朝』でデビュー。『精霊流し』『無縁坂』などヒットを飛ばすも1976年解散。

＊3──イギリスの人気デュオ(1981〜86)。『ラスト・クリスマス』は世界的ヒットに。

＊4──アルバム『私花集(アンソロジィ)』(1978)収録曲。ウェブ投票『あなたが選ぶ さだまさし国民投票』(2013)では1位を獲得した。

＊5──作詩・作曲さだまさし。アルバム『夢の吹く頃』(1989)収録曲。

＊6──2012年に安藤なつと結成。2015年『M−1グランプリ』で決勝進出を果たし注目を集め、一躍、『メイプル超音楽』などの冠番組を持つ人気者に。

＊7──1982年発売のアルバム。

＊8──作詩・作曲さだまさし。アルバム『夢の轍』収録。世田谷三軒茶屋駅ホーム傷害致死事件(2001)の判決の際、裁判官が被告の少年に対し、「せめて(『償い』の)歌詞だけでも読めば、なぜ君たちの反省の弁が人の心を打たないかわかるだろう」と語りかけて話題になった。

＊9──星新一(ほし・しんいち／1926〜97)ショート・ショートの名手。『ボッコちゃん』など1000編を超える作品を発表。

＊10──アルバム『夢の轍』収録。佐渡島のトキ保護をモチーフにする。

＊11──アルバム『恋文』(2004)収録。イラク戦争のニュースと恋人の日常が描かれる。

*12—作詩・作曲さだまさし。アルバム『風のおもかげ』(1983)収録。夏の高校野球、甲子園の準決勝のテレビ中継が流れている喫茶店のある風景を描く。

*13—2004年発表の長編小説(幻冬舎文庫)。2007年に松嶋菜々子主演で映画化、2008年に常盤貴子主演でドラマ化された。

*14—2016年10月9日放送の『関ジャム 完全燃SHOW』(テレビ朝日)のこと。

*15—2017年3月25日放送の『今夜も生でさだまさしSP』には、メイプル超合金やももクロこと「ももいろクローバーZ」も出演した。他に、若旦那、小林幸子らも出演。

自分が揺るがないから人が集まる

[解説]寺岡呼人

僕はずっと、さださんは「交友関係が広い」と思っていました。ミュージシャンだけでなく、鎌田實先生のような、別の業界の人とも親しくしています。

取材を終えて、その見立てが間違っていたことに気づきました。さださんはむしろ「交友関係が狭い」のではないか。もっというと「究極の人見知り」かもしれない。

だからこそ、その狭き門に迎え入れた人を、有名、無名、分け隔てなく大切にする。時には「この人に会いたい！」と自分から迎え入れに行く。それを何年も続けた結果、さださんの周囲には、こんなに多くの多種多彩な人たちが集まっているのではないだろうか。そんなふうに思います。

さださんに聞いた、中学時代のエピソードを思い出しました。

ご存じのように、さださんはヴァイオリン修行のため、中学1年生から単身、故郷の長崎を離れ、東京で暮らし始めました。「長崎から東京までの23時間57分の夜行列車の旅」というフレーズは、ライブでもたびたび登場します。実は長崎への帰路、さださんはわざわざ京都で途中下車したんだそうです。京都中を歩き神社仏閣を訪ねて回った。「故郷に早く帰りたい」という思いよりも、「好奇心」が勝ったのです。

絵本に感動したさださんが、作者に会うために長野の諏訪まで来た、というエピソードを鎌田さんが紹介していますが、これも「好奇心」です。「人見知り」よりも好奇心が勝る。そしていったん会うと、その人と深く結びついてしまう。「ミュージシャン」ということがプラスに働いているかもしれません。ミュージシャンは音を出した瞬間、年齢も経歴も関係なくなる。音楽をやる仲間というフラットな関係です。さださんはそれを、ミュージシャン以外にも広げているんじゃないか。

ただ、全員がフラットじゃありません。世間のイメージを大事にするあまり、大御所によっては「若手と横並びは嫌だ」とか「アイドルと共演したくない」とか、そういう注文が入る。むしろ、そのほうが当たり前かもしれません。

ところがさださんは、常にフラット。番組でカズレーザーさんと共演しても、まるで友人のひとりのような軽いノリで接する。大御所感はまったくありません。

ナオトくんとの曲作りがその典型でしょう。同じミュージシャンとして、ロケをやった深夜に、突然居酒屋で曲を作り始めるなんてあり得ません。しかもさださんは「曲先」の人。本来ならばメロディを作ってから、詞をあてはめるはずです。ところがこの時はナオトくんの情熱に合わせて、「詞先」で曲を作っている。二回り以上も歳の離れたミュージシャンと、真剣勝負をしている。

アルバム『Reborn』に、ナオトくんがアレンジした『パスワード シンドローム』が収録されていますが、これがいい。違和感がなくて驚きました。共作は企画色が強くなって終わってしまうことも多く、違和感が出てしまう。ところがこれは、本当に一体化している。近年稀《まれ》にみる共作の傑作です。

なぜ〝さだまさし〟はフラットでいられるのか。なぜ親しまれるのか。

きっとそれは、「揺るがない自分」に自信があるからだと思います。自分に自信があるから、若手がぶつかってきてもドンと受け止める。小林幸子さんとの関係もそうです。さださんはどこまでも優しいし、ブレない。自分が揺るがないから、人も集まってくるのでしょう。

セッション3

生み出すチカラ

時代にすり寄ることなく、個人的な「ため息」を表現

泉谷しげる

様式美へのこだわりを見直させてくれた

さだまさしとは友だちにならねぇだろうな。最初はそう思ってましたよ。オレのデビューが1971年。アイツのデビューがその2年後だから、知ってはいました。どう見たって暗いだろ?『精霊流し』*1(‖部の註は189頁から)だぜ? もともと「四畳半フォーク」*2が嫌いで、オレはそういうものから背を

向けてきたから。

ふと興味を持ったのは、映画＊3で莫大《ばくだい》な借金を作ったあたり。

「あ、この人、映画好きなんだ」と思ってね。市川崑＊4に頼んでたし、意外とこの人、博学なんだなと思った。だから、「どんなもんなんだろうな、さだまさしってヤツは」と興味が湧きましたね。

で、莫大な借金を返済するのに、ライブをやりまくってるというのが、またすごいな、と。あれは鮮烈。ぶっ飛んでる。いわゆる無計画な方？

オレらは、ロックだ、フォークだ、って世間が騒いでる頃にこの世界に入ってきた。どっちも反社会的で反抗的。時代を背負っていて、時代にアッパーをかけていたというかな。社会を突き上げていた。

でもそれって、実は「そう見えていた」「そう思っていた」というだけで、ロックもフォークも様式美なんだよね。実際は保守的。中身を見ると、意外に大したことをやってない。時代を動かしたかもしれないけれど、それは時代に流されたともいえるわけで、戦ってはいない。
　さだなんて、戦ってるよな。借金背負ってさ。さだを見てると、ロックってい
う言葉にこだわってるオレらはいったい何なんだろうという気にはさせてくれた
よね。それで、ちょっとは見直すようになった。
　ロックっていうのはさ、ワンパターンなのよ。「オレら誰にも負けない、振り
切っていくぜ」とかさ、「常識なんかクソ食らえ」とか、馬鹿みたいな主人公し
か出てこない。
　当時はカッコいいと思ってたんだけどさ、違うよね。
　さだは違うよ。アイツにいちばん驚いたのは、皆で歌う歌がない（笑）。『北の
国から』*5？　あーあーあああ……、ってバカヤロウ、歌詞がねぇじゃねぇか。
　ロックやってる連中は、ライブでシングアウト*6させんの、客に。サビとか一
緒に歌わせる。共同作業だからさ、これやると簡単に一体感を持てる。
　でもさだは、ほとんどやらないよね。客席にマイクを向けない。つまり一体感
を持つことを望んじゃいねぇんだな。

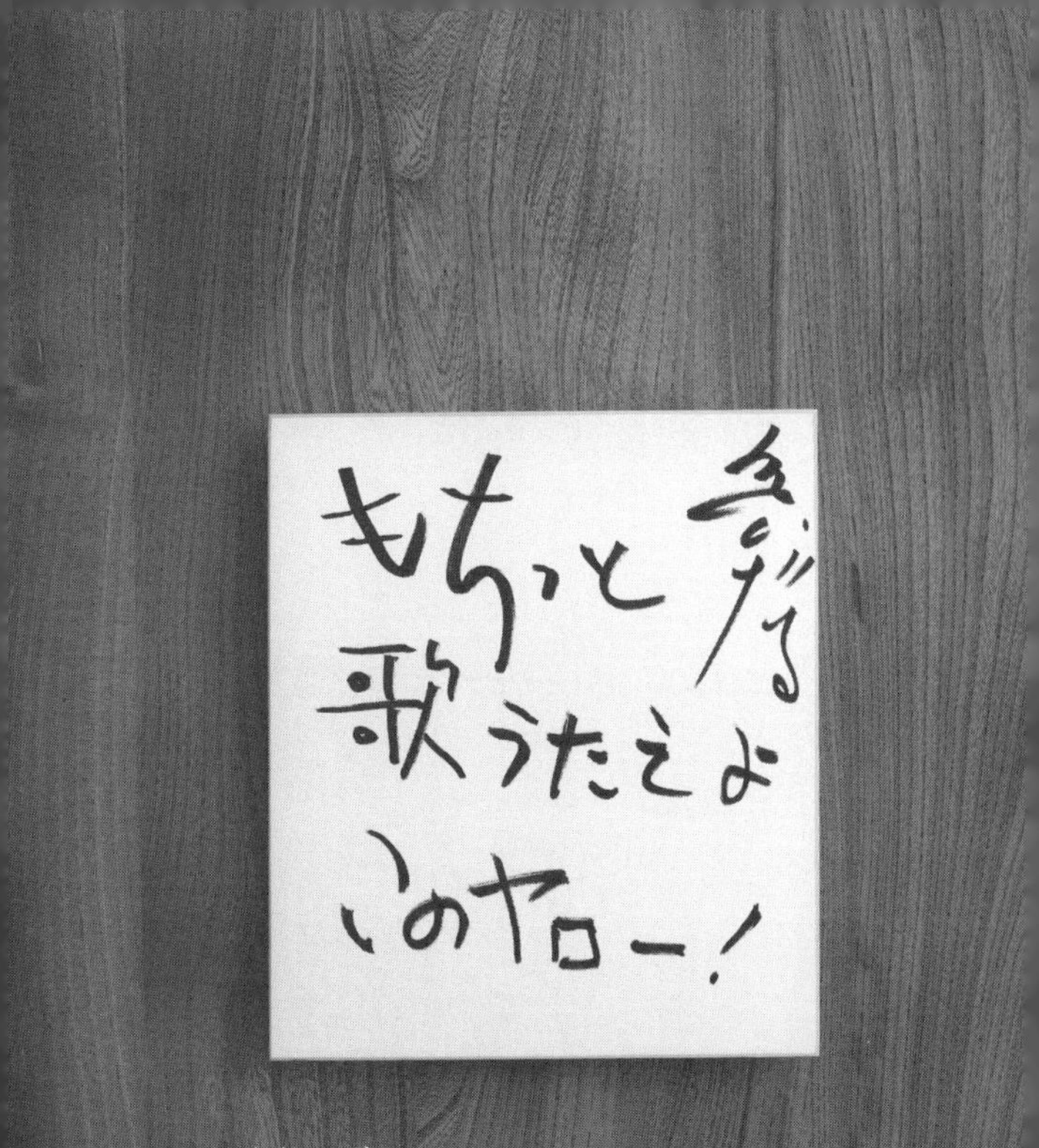

泉谷しげる(いずみや・しげる)

1948年青森生まれ。1971年デビュー。『三匹のおっさん』など俳優としても活躍。『泉谷しげるの新世界〜アートオブライブ』発売中。

studio-izu.com/

シングアウトしない、ということを選択する強さ。それと延長線上なんだろうけど、物議をかもす歌*7を作って、平気で批難《ひなん》を浴びちゃう強さ。戦ってるよね。それでいうと、ロックのほうがよっぽど時代にすり寄ってる。

ロックの連中とライブをやると、当時はさ、楽屋でオンナとドラッグの話ばかり。さだは当然、そんな話には加わらない。で、頑《かたく》なに自分の表現を守っていた。これってすごいことでさ、時代にすり寄らなかったってことだからさ。すり寄ってた連中は、売れなくなると、すぐに宗旨替えしたり、おかしなことを始めたりするよね。さだにはそれがない。ある意味、デビューした頃から変わってないんだろうな。

だからってあのノリはどうかと思うけどな（笑）。

この間、阿蘇でライブ*8をしてきたんだけど、「ジャンプしろっ！」って言ってもやらねぇから、思わず言ってやったよ。

「ほんとお前ら、ノリが悪いな。さだまさしのファンになっちまえ！」

これは使えるよ（笑）。ノリの悪い客がいたら、「さてはアイツは、さだのファンだな？ この野郎！」って思ったら気にならなくなるからね（笑）。

「かい」じゃなくて「か」！

さだとは、デビューした当時からイベントとかでは一緒になっていたと思うけど、ちゃんと組んだのは、長崎・普賢岳噴火*9のチャリティコンサート。「泉谷しげるとスーパーバンド」*10というのを作ったんだけど、そこに参加してくれた。アイツもそうだろうけどよ、被災地支援ってのは、オレらが勝手にやってるだけなんだよな。勝手に（被災地に）行って、勝手に（支援物資を）渡して、勝手にいなくなる。それだけ。誰に頼まれたわけでもない。自分勝手に、オレがやりたいからやってる。彼ら（被災者）にとっては迷惑千万かもしれない。でもさ、誰かがひどい目に遭ってるんだとしたら、心配しちゃうのはしょうがないよな。

2011年に武道館で「セイ！ヤング・オールナイトニッポン コンサート」*11ってのがあったんだけど、そこでさだと一緒になってね。打ち上げの場で、さだに向かって、

「宮崎で口蹄疫・復興支援ライブ[12]やってンだけど、時間あったら来ない？」

って軽い気持ちで誘ったら、その翌年の10月、本当に来てくれた。

それはいいんだけど、迎える側の宮崎の主催者のひとりが、

「せっかくなんで、さだまさしさんと一緒に何かやってもらえませんか」

とぬかしやがる。なんで自分のイベントで、そんな面倒なことやらなくちゃいけないんだよ。「やるか、コラっ！」って内心思ったんだけど、断れない。だから、仕方なく買いましたよ、さだのベストアルバム。

聴きまくりました。アレ？　と思いましたね。

「コイツ、歌うまいじゃねぇか」って。

音程がしっかりしている。でも、よくよく歌詞を聴いてみると、「ふざけてるな、コイツ」ってね。イタズラだな。

で、何か一緒にやらなくちゃいけないから、どれにしようかと思って聴いてるんだけど、いちいち難しい（笑）。具体的に言うと、ロックと譜割り[13]が違う。オレらは2ビートか4ビート。正拍[14]が基本なの。

ところがアイツの歌は正拍じゃない。一音にいっぱい言葉を乗せているし、1番と2番の歌詞でも乗せ方が違う。途中でテンポが変わることも多い。完コピなんてできっこない。それで、「まあこれなら歌えるな」という理由で、『案山子』[*15]を選びました。

一所懸命覚えてさ、必死に練習してさ、気づいたら朝の4時になっててさ、リハーサルで歌ったら、あのヤロウ、

「『友達出来たかい』じゃない。『か』だ」

うるせぇな、細かいこと言うな。いいじゃねぇか、一文字くらい（笑）。

そしたら本番でも「かい」ってやってしまった。

「だから『かい』じゃない。『か』」

うるせぇな、コイツ（笑）。さだがNHKでやってる生の番組[*16]があるだろ？あそこで『案山子』のリベンジをしたよ。完璧に歌って、さだのファンを唸らせてやった。どうだ、コノヤロウ。

「30分で1曲」を自慢するな

最近、さだはコンサートで、「泉谷しげるからよく誘いの電話がかかってくる」って言ってンだって？　あのヤロウ、とぼけやがって（笑）。それはあり得ない。いや、あるか？　少なくともこの間は、さだからの誘い。

1週間前に急に電話かけてきて、

「常総市（茨城県）に一緒に行かない？」

その時、常総市は水害で大変なことになっていて*17、気になっていた。「早く行かなきゃ」と思ってたところの電話だったから、二つ返事で乗った。アイツもフットワークが軽いよな。避難してる体育館には400人以上いたかな？　そこで急遽、2人でコンサートをすることになった。ユニット名は「天使と悪魔」。もちろん、さだが天使でオレが悪魔。

2人の共通認識は、「被災者を被災者扱いしない」ということ。これは常総市に限らず、被災者ってさ、なりたくてなったわけじゃない。努力すれば被災者にならない、ってもんでもない。

だから逆に、被災者は被害者面しなくたっていい。いつもと同じに振る舞えばいい。で、オレは悪魔だからさ（笑）。ガンガン突っ込む。

「みんな被害に遭ってンだ。甘えんな、コノヤロウ」

「被害者面すんじゃねぇぞ」

目の前にいる被災者に向かって、「ババァ」とか「ジジィ」とか、オレは平気で言うからね。


そこに天使・さだが登場して「まあまあ、泉谷さん」とかなんとか言うわけ。アイツらもそれで調子に乗って、「家が壊れたんだ」とか、ありったけの思いをこちらにぶつける。

それでいいんだと思うんだよね。被災者扱いして、「かわいそうですね」「大変ですね」と言われたら、言いたい愚痴も言えない。言ったほうがいいんだよ、溜《た》め込んでないでさ。自分のせいじゃないんだから。オレに八つ当たりして気が済むなら、ドンドンやってくれって思う。オレにはそのくらいしかできないから。

さだもそれがわかってるね。だから意外といいコンビだったんじゃねぇか？ただ、ひとつ気にくわないのは、アイツ、歌を歌わない。打ち合わせの時に言ったの。

「お前さ30分で最低4曲は歌えよ。しゃべりが多すぎンだよ」

そしたらアイツ、逆に自慢すんだよ。

「俺。30分で1曲の時もあるんだ」

だから自慢にならないだろ、お前それって（笑）。

隣で見ていてわかったけど、さだはしゃべりたくてしょうがない。面白いこと言いたくてしょうがないんだろうね。「歌えよ、まず」ってな。

一緒の時は、いつも注意している。「とにかくしゃべるな、あんまり」って。だいたいお笑い研究会だか落研だか知らねぇが[*18]、自分の面白さを自慢したがってるのはわかる。バカヤロウ、そんな面白くないよ、お前（笑）。お客さんが寛大だから笑ってあげてんの。ファンに助けられてるんだよ！

誰も行きたがらないところへ行く精神

さだのもうひとつ面白いところは、大都市から離れた町に行きたがるところだよな。スケジュールを見せてもらって驚いたんだけど、もうビッシリ。「お前、そんな離れ小島まで行くのか」って言ったら、アイツ、こんなこと言ったね。

「いや、だって大都会でやったって当たり前の評価しか得られない。田舎では歴史的な大歓迎をされる」

「小泉進次郎か、お前は」ってツッコんでやったけどな（笑）。

このあたりも戦ってるよな。大都市で大きなホール借りて、「こんなにお客さんがいっぱい来てくれました」って、まあ言ってみれば、自慢でしょ？　数を競うなら、ライブとイベントの差はなんなんだってことになる。

誰も行きそうもないところを進んで訪れるという精神は、震災の支援活動と一緒なわけ。あれだって、人が行きたがらないところに行く、やりたがらないことをやる、っていうのがいちばんありがたいわけだから。

最初の話に戻るけど、ロックとかフォークって、お膳立てを必要としているところがある。路上上がりのくせしやがってさ（笑）、機材がないと何もできません、という……。

マイクがなくたってギター1本で乗り込んでいって、そこで歌うっていうのは、これはやっぱり「戦ってる」ってことだよね。ロックやフォークみたいに、記号をまとわないと何もできないわけじゃない。さだまさし、という個人で戦いを挑んでいる。

最初は「暗いヤロウだ」と思っていたけど、近くにいて印象が変わった。

よく考えてみたら、暗い歌が歌えるヤツは明るいんだな（笑）。暗い歌を歌ってるヤツが本当に暗かったら、そりゃ聴くほうも嫌だよな。体力も関係するな。暗く重い歌は、体力がないと、歌ってる本人が参ってしまう。中島みゆきだってそうだろ？　アイツだって歌と性格が全然違う。

なぜ歌のイメージを歌ってるヤツに覆い被《かぶ》せちゃうかと言うと、歌をドキュメンタリーと勘違いしてるんだな。その人の経験を歌にしていると思い込んでいる。

歌はドキュメンタリーじゃない。むしろ、小説に近い。

たとえば、その土地に行かなければその土地のことを書けないというなら、それは紀行作家かルポライターだよね。作家だったら、行かずして書けないといけない。

作家は、経験主義じゃないってことなんだな。じゃなきゃ、月に行かなけりゃ、月旅行の物語[*19]は書けないのかってことになる。

じゃあ何を歌っているのか。それはもしかしたら、過去のことかもしれない。未来のことかもしれない。今の自分の後の後、先の先……そういうものを描くのが創作だよね。それは小説でも歌でも絵でも同じ。

いい作品っていうのは、少なくとも自分の先を行っている。後から作家は、このことついていくわけ、その作品に。「作品が一人歩きする」っていうのはそういうことで、作家がもし、自分の経験しか描けないのだとしたら、作品は先には行けない。

そいつがダメでも作品が残るってこと、あるよな。あれは作品が本人のはるか遠くへ行っちゃったんだよ。歌の場合は、ファンが育てて成長させるってこともある。

じゃあ、一人歩きする作品の大本は何かって言ったら、イマジネーション。正直に言えば、妄想（笑）。こっちは妄想膨らませながら、せっせと詞や詩を書いてるんだから。発明という言い方もできるだろうね。

オレは芸術というのは「発明品」だと思ってるんだけど、ようは妄想でひとつの人生や世界を創り出すわけだから。だから一個一個の歌を、もっと大事にしないと、と思う。

だって自分の作った曲に、自分が影響されて、今の自分になっている、というのもあるわけだから。

そして発明というのは、常に個人的作業なんだよな。集団じゃない。個人。

『防人の詩』は個人的なため息

さだの場合は、その「個人」が徹底している。

たとえば『防人の詩』で、右翼だなんだって叩《たた》かれたけど、あれはそういう歌じゃない。たいそうな歌詞だから誤解されるんだろうけど、実に個人的なため息だな。「個人的なため息」だから、皆でシングアウトできない。皆で合唱したら、右翼的なナショナリズムに繋がっていくけど、あんなため息、歌えないだろ？

あの歌を聴いた後で残るのは、さだ個人の感覚なんだよね。「個人の感覚」というのは、その人しか生み出せない。だから発明。

きっとさ、『防人の詩』だって断れなくて作ったんだと思うぜ[20]。でも映画のテーマ曲を歌ってるようで、映画にすり寄っていない。

オレ、木下恵介[21]監督って好きでさ。その木下監督が、戦中に『陸軍』[22]って映画を撮ってるの。陸軍省の依頼で作ってるから、当然、戦意高揚とかそんなのを期待されてるわけ。反戦映画と真逆の国策映画。で、映画のラストで、出征する息子を母親が延々追いかけるシーンがある。これが田中絹代[23]の名演、映画史に残る名シーンなんだけど、軍の検閲を受けてカットされそうになる。軍からしたら、そんなシーン、国威発揚にはならない。

でも木下監督は軍と戦って、このシーンを何とか残すわけ。なぜならこれが、「個人的なため息」だから。たしかに国策映画として『陸軍』は撮影されたけど、「個人的なため息」があるお陰で、そういう作品じゃなくなっている。戦争反対とか、戦争賛成とか、そういうレベルで決めつけられない個人の揺れがある。

オレはリドリー・スコット[24]監督の『ブレードランナー』[25]も好きで、続編の『ブレードランナー2049』[26]も観に行った。でもさ、これがスッキリしないのよ（笑）。さだまさしの映画を観てるのと同じくらいスッキリしない（笑）。ようはこの映画も、リドリー・スコットの「個人的なため息」なんだな。SF映画として観るからスッキリしないんであって、「個人的なため息」と思えば、わかる。ただ、こういう「個人的なため息」に100億円以上かけてンだろ？日本じゃ企画が通らないだろうね。

何が言いたいかって、人を揺さぶるものは、それが何であれ、「個人的なため息」なんだよ。さだはそれをずっとやってンだよ。

『案山子』もそうだよ。ドキュメンタリーじゃないだろ？

あんなヤツが近くにいてさ、「寂しかないか」「お金はあるか」ってしつこく聞かれたら、「うっせーな、コノヤロウ」ってなるよ(笑)。オレのセオリーにはない。でもだからこそ、「さだはすげぇな」と思う。

時代にすり寄った作品には何にも感じないが、「個人的なため息」っていうのは、個人である分、思いが強い。だから、「金頼む、なんてオレは親に電話しねぇぞ」って思うけれど、親になかなか連絡しないというのは、どこかで思い当たる。「あ、オレ、親に冷たくしてるかな」とか思ってしまうんだろうね。痛いところを突いている。これが「作家」なんだろうね。

芸術家っていうのは、政治家と違って嫉妬しないからな。焼き餅をやくことはあるけれど、足を引っ張ったりしない。「あんなん、ロクなもんじゃねぇ」と言いながらどこかで認めてる。ヒットしてたら「売れてるなりのなにかがあるんだろうな」と思う。売れてなくてもいいところを見つけたら「コイツ、もったいねぇな」となる。

売り出すほうがわかってないからな。作品やアーティストを時代に合わせようとしてしまう。アメリカはある意味すごいよ。『ブレードランナー2049』を通しちゃうんだから。でもあの映画が企画として通ったのは、「リドリー・スコットが再び『ブレードランナー』を作る」という一点が大きかったんだろうね。この一点で突破した。内容なんて関係ない。

さだもそうだよ。アイツは声がいいし、歌がうまい。それがなかったら、デビューできていなかったと思うな。だって時代にはすり寄っていないし、おまけに暗い。皆で歌えない、手拍子できないんだから（笑）。

あるだろ？　この企画はよくわからねぇけど、出演するオネーチャンが美人だから通しちゃった、みたいな。その「一点」ですべてをひっくり返してしまう。さだの場合はそれが「声」だった。間違っても顔じゃないな。

だから、もっと歌え（笑）。自分の声に感謝しろよ、コノヤロウ！

*1――さだが作詞・作曲し、1974年にリリースした「グレープ」の2作目。この年の第16回日本レコード大賞作詩賞を受賞。130万枚を超える大ヒットとなった。

*2――1970年代に生まれた恋人同士の貧しい生活を歌った純情的なフォークを指す。

*3――さだまさしの初監督作の『長江』（1981）のこと。市川崑が「総監修」を務めた。

*4――市川崑（いちかわ・こん／1915〜2008）日本を代表する映画監督。代表作は『ビルマの竪琴』『野火』『東京オリンピック』『四十七人の刺客』。

*5――ドラマ『北の国から』（フジテレビ系／1981〜2002）の主題歌。脚本家・倉本聰の富良野の自宅に呼ばれたさだが、ドラマ1回目のビデオを見せられ、その場で30分で曲を作った、というのはさだの鉄板ネタ。詩は「あ」と「ん」しかなく、コンサートで観客と一緒に歌うことも多い。

*6――サビにさしかかると会場にマイクを向け、一緒に歌わせること。通常のコンサートの定番。

*7――音楽番組『SONGS』（NHK／2017・11・30）では、「さだまさし〜ああ、いわれなき炎上の45年〜」と題し、物議をかもしてきた歴史を特集した。

*8――泉谷が発起人の野外ロックフェス「阿蘇ロックフェスティバル2018」。阿蘇中岳噴火（2014）による風評被害を払拭しようと2015年より開催。

*9――1991年に起きた雲仙普賢岳火砕流災害のこと。火砕流で甚大な被害が出た。

*10――「普賢岳噴火災害救済コンサート」では泉谷の呼びかけた「スーパーバンド」に、伊勢正三、井上陽水、忌野清志郎、大友康平、小田和正、さだまさし、浜田省吾、南こうせつ、吉田拓郎（五十音順）の9人のアーティストが集結した。

＊11――2011年1月29日、30日に日本武道館にて開催。ライバル関係にあった深夜ラジオ放送番組の出演者が集まり開いたライブ。

＊12――2010年に宮崎県内で発生した口蹄疫からの復興を願って、泉谷が企画した音楽と花火のイベント「水平線の花火と音楽」のこと。2010年に始まり2016年まで続けられた。

＊13――音符に対しての言葉の乗せ方。

＊14――4ビートならば、一小節を四分音符で四拍に刻む。歌詞もそのリズムに合わせて乗せる。

＊15――1977年発表のシングル曲。島根県の津和野が原風景。

＊16――『今夜も生でさだまさし』のこと。泉谷は2013年3月31日放送の生さだスペシャルに登場。

＊17――「平成27年9月関東・東北豪雨」のこと。特に常総市の被害は甚大だった。

＊18――さだは高校、大学と落語研究会に所属。高座名は「飛行亭墜落」。

＊19――フランスの作家ジュール・ヴェルヌは、ロケットすらなかった時代に小説『月世界旅行』(1865)を発表している。

＊20――映画『二百三高地』の音楽監督を、さだと親交があった指揮者・作曲家の山本直純が務めており、「お前、歌をかけ」と言われる。山本から「戦争の勝った負けた以外の人間の小さな営みを、ちゃんと浮き彫りにしていきたい」と説明され、主題歌を引き受けた。

＊21――木下恵介(きのした・けいすけ／1912～98)日本映画の黄金期を築いた映画監督のひとり。代表作に『カルメン故郷に帰る』『二十四の瞳』『楢山節考』など。

*22――陸軍省の依頼で製作した「大東亜戦争3周年記念映画」。1944年公開。

*23――田中絹代（たなか・きぬよ／1909〜77）20世紀を代表する映画スター。『サンダカン八番娼館 望郷』（1974）でベルリン国際映画祭銀熊賞（最優秀主演女優賞）を受賞。

*24――イギリスの映画監督。監督デビュー作『デュエリスト 決闘者』（1977）でカンヌ国際映画祭審査員特別賞と新人監督賞を受賞。『エイリアン』（1979）は世界的ヒットとなる。

*25――P・K・ディックの『アンドロイドは電気羊の夢を見るか？』を1982年に映画化。近未来を描き、カルト的人気を得る。

*26――前作から30年後を舞台にした続編映画。2017年公開。リドリー・スコットが製作総指揮を務めた。

破天荒な生き方をやめないから、新たな「発明」が生まれ続ける

レキシ

エンタメの基本は『関白宣言』で学んだ

今、振り返ってみても、なんでそうなったのかわかりません。まだ小学校に上がる前だったと思うんですが、親戚の結婚式で、さだまさしさんの『関白宣言』を歌ったんです。人前に出るのが好きだったとか、歌をよく歌ってたとか、そういう記憶もまったくないんですけど、親から「1曲歌え」と言われて。なぜかす

んなり受け入れてしまった。

だいたい結婚式で子どもが歌うっていったら、まあ3、4人のグループで童謡とかを歌いますよね？　でもなぜか、ひとりで歌うことになった。

当時、八代亜紀*1（‖部の註は207頁から）さんの『雨の慕情』*2が好きで、これは親の前でも歌ってたんだと思います。親も考えて、

「『雨の慕情』と『関白宣言』、どっちか選びなさい」

と言ってきた。

この時に親から聴かされた『関白宣言』が、僕にとってのさだまさし初体験です。で、なぜか子ども心に、「こっち（『関白宣言』）のほうがウケる！」ってピンときたんですよね。

その時、親から「練習用に」と渡されたのが、カセットテープの『さだまさしヒット・コレクション』*3。忘れもしない「さだまさしネーム入りギター・ピック付」。この1曲目が『関白宣言』でした。

いざ式の本番。カラオケで歌ったんですが、ドッカン、ドッカン笑いが起こる。

こんなにもウケるものなのかとびっくりしました。この時、エンタメの基本というか、核みたいなものを知ってしまった、という感じですかね。

これが僕のアーティストとしての初期衝動。今の僕のベースのようなものです。それからは『さだまさし ヒット・コレクション』を聴き込みました。僕のバイブルです。僕の音楽はここから始まりました。無人島に行くなら、必ずこのカセットテープをカバンにしのばせますね。

小学5年生の時に、親に倍速ダビングのできる最新モデルのダブルカセットデッキを買ってもらいました。ラジオだけでなく、テレビの音も入ったので、もういろんな曲を録音しまくりました。山下達郎、大月みやこ[*4]、CMソング、『天才バカボン』[*5]の主題歌……。もう何でもあり。中学校に上がった頃に、世の中にCDが出回り始めました。レンタルCDでいろいろ借りるようになり、ビートルズにはまったのもこの頃です。広く浅く、いろんなジャンルの曲を手当たり次第に聴いていました。

今、自分の音楽はどっちかというと、ファンクなブラックミュージックっぽい

レキシ

1974年福井生まれ。2007年アルバム『レキシ』でソロデビュー。映画『海街diary』で役者デビュー。7thアルバム『レキシチ』発売中。

rekishi-ikechan.com/

感じがするかもしれませんけど――言い方はアレですけど、僕の中では、ブラックミュージックのほうが生半可（笑）。むしろ本当の核の部分はこっちのほう――さだまさしさんだったり、ビートルズだったりする。

実際、ブラックミュージックをやっているという自覚もないんです。やろうと意気込んでいるわけでもない。自分の中から自然と湧いて出たものをやったら、たまたまブラックミュージックみたいな音楽だったというだけで。さだまさしっぽい曲もあります（笑）。

さださんに関して言うと、途中でさすがに『さだまさしヒット・コレクション』だけじゃダメだろうと思いまして（笑）。で、カセットテープのライブ盤*6を手に入れたんです。『雨どりや』*7が入ってるやつでした。

初期衝動を味わいたいからゼロに戻す

こうやって振り返ると、さださんにはたくさんの影響を受けています。

僕の場合、なかなかストレートに歌詞が書けなくて、それで「日本史」というフィルターを通しているところがある。これを通すことで、イコール笑ってもらえるというか。でも、フィルターの向こうを見てもらうと、その向こう側にはちょっとした感動とか、少し泣けるとか、そういう核がある。ただギャグを歌えばいい、笑わせればいい、というのではなくて、笑いの向こうに涙があるというような二面性。これ、「さだイズム」です(笑)。

僕のライブのMCって、わりと「長い」と言われるんですけど、元をたどったらさださんに行きつきました。なにせ、ライブ盤をカセットで聴きまくってましたからね、よりによって(笑)。普通のアーティストの場合は、ライブ盤といっても曲だけですが、さださんの場合は、トークも入っている。そのトークを当たり前のように聴いていたので、自分のライブでもトークが長くなってしまう(笑)。これもさだイズムというか……。

きっと、結婚式で『関白宣言』を歌った時に、「さだイズム」がDNAとして刷り込まれてしまったんです。だってそうですよ。『関白宣言』だって、『雨やどり』だって、出だしはコミカルですよ? おちゃらけてる。それが最後の最後でグッとくる。泣かすんかいっ！　みたいな（笑）。

「さださんみたいな曲を作りたい！」って意識的にやってきたわけじゃないけど、気がつけば、自分がグッとくるポイントが、さださんの歌のそれとどこかで重なっている。

さださんはね、歌手としてくっちゃいけないんです。言ってみれば、発明家。『関白宣言』みたいな歌だって、さださんが世に出す前は存在しなかった。ああいう方法の先駆者なんです。最後は泣けるけど、「うまいっ！」「してやられたっ！」みたいな感覚を覚える。

もしかしたら、「詩」だけなら、さださんのような詩は他にもあるかもしれない。でもメロディに乗っけるというのはさださんの発明だと思う。引っかかりのある言葉なのに、メロディに乗せることで、スーッと心の奥底に入ってくる。やっぱり発明だな。この時の「やられたっ！」という感覚がずっと残っていて——それが「さだイズム」なんですけど——その衝動をずっと真似しているようなところがある。

好きな曲のひとつに、『HAPPY BIRTHDAY』*8という曲があるんですが、サビの〈昨日迄の君は死にました〉に驚いた記憶があります。「死ぬ」ってネガティブですよね？　そんなこと、言っちゃうんだって。そしたら、〈明日からの君の方が僕は好きです〉って続く。ネガティブにどん底まで落としておいて、そのあと、後ろから優しくぎゅっと抱きしめられるような。しかもこれが、メロディに乗っかって届けられる。

アルバム『Reborn』*9もそうです。

いやいや、この年になって今さら「生き直す」ってことですよね？『HAPPY BIRTHDAY』にも通じるんですけど、多分さださんは、毎日毎日、生き直してるんだと思います。

自分は特にそうですけど、最初に歌った瞬間とか、初めてのライブとか、そういう初期衝動をまた味わいたいという思いがある。自分をバージョンアップさせるには、そういう自分の中のエモーショナルな部分を刺激するのに苦労するんです。多分、さださんもそういう初期衝動が欲しくて、ゼロに戻すんじゃないかな。

それが手っ取り早いというか。

さださんは破天荒なんです。自分にも負荷をかけるし、他人にも無茶振りする（笑）。世間から叩かれても無茶をやめない。そういった無茶から発明が生まれるんじゃないかなあ。今でも青春が続いているように思います。

プライベート一発目の誘いが「詩島」

ご本人に初めて会ったのは、7年くらい前のことです。

実は会うタイミングはたくさんあって、そういうセッティングをしてくれるという人もいたんですが、本当に好きな人には会いたくないという（笑）。だから、何度も「いえ、大丈夫です」と断っていました。いったい何が大丈夫なんだか（笑）。で、意を決して会いに行ったのが7年前。ライブを観に行って、そのあとに楽屋に挨拶に行きました。

お土産を持っていって、

「つまらないものですが……」

「つまらないものなら、いらないな」

「じゃあ持って帰ります」

というベタなやり取りをしたのを覚えています。

僕は「好き、好き」と寄ってくる人が苦手です。「好き、好き」と言われると照れてしまって、こっちもどぎまぎしてしまう。なんとなくさだきんもそうなのかな、と会って思いました。しかもこっちはガチガチに緊張している。そういうのって伝わるから、「あ、引いたかもな」と。

絞り出すように伝えたのは、

「好きで聴いているんです」

このひと言だけで、最初の対面は5分もなかったと思います。2度目にお会いしたのが、雑誌の対談*10でした。本当はその前にも、知り合いが間をとりもってくれようとしたんですけど、「俺はいい」となぜか拒否しつつ。

対談の前に、僕が出たテレビ番組で、「レキシのルーツはさだまさし」ってやったんですけど、それを知っていてくれたらしくて。それでようやく認識してもらえて、対談という運びになったんだと思います。『関白宣言』を歌ってからここまで来るのに、かれこれ40年かかっちゃいましたね。

そのあと、プライベートでも食事に誘われたんですが、時間が合わなくてお断りするハメに。そしたら、「このあいだは時間が合わなかったね」というメールをいただいて、「今度、詩島に行く企画があるからそれに来なよ」って。プライベート一発目が詩島なんてあり得ない。嘘でしょ？　って震えていたら、その前にご飯のお誘いがあって。胸をなで下ろしました（笑）。

どうだったかって？　あとで「全然緊張していなかったね」と周囲から言われたんですが、逆です。緊張してたんですけど、最初の挨拶の時に緊張しすぎて失敗したという反省があって。ナオト（・インティライミ）とか若旦那を横で見てると、結構、さだ《さん》にガツガツいってるじゃないですか。そうか、大御所っていうのは意外と懐に飛び込むガツガツ系のほうがいいのかもしれないぞ、と思って、グッと近づいてみたんです。そしたら、以前よりも距離を縮められた気がしますね。

さだまさしのレキシネームは「関白」

音楽が好きな同級生って、たいてい兄貴がいて、兄貴の影響で大人ぶった音楽を聴いている。

僕は妹2人の3人兄弟の長男。「兄貴」という存在に憧れていました。僕は若かりし頃のさださんのジャケット写真——これ言うと怒られるかもしれませんが、まだ髪がフサフサしていて、お顔もほっそりしていた頃のさださんの写真を見て、勝手に「擬似《ぎじ》お兄さん」ということにしていたんです。親戚にいる年の離れた大学生、みたいなことにして。そういう兄貴って、音楽だけじゃなく、本とか映画とか、自分の知らない文化をいっぱい教えてくれる。さださんに会った時、そういう記憶も思い出しました。

で、兄貴に聞くようなノリで、聞いてみたんです。これだけ長く続けているけど、どうやってモチベーションを保っているのかって。ほら、自分は初期衝動が大切な人だから、同じ歌をやってるとすぐに飽きてしまう（笑）。

そしたらさださん、自分には「立場を守っていくという概念がない」って。「常に上手になりたいという欲が強い」って言うんです。だから毎日進歩しているというか、毎日違うというか。これぞ、〈昨日迄の君は死にました〉ってやつですね。さださんのアルバム『Reborn』で、『黄金律』*11という曲のアレンジを担当したんですけど、ちょっとどうしたらいいかな、と思う反面、自分の持っているものを素直に出せば、それが「さだイズム」だという確信がありました。曲を聴くとすぐにイメージが湧いて、すぐにさださんとディスカッションしました。さださん、やたら決断が早くて、「こうしたいんですけど……」と提案すると、「いいよ!」とどんどん進んで行く。歌詞の中にすごいいいフレーズがあって、それがBメロだったんですけど、「この部分をサビに持ってきて、核にしたいです」*12と提案したら、「いいよ!」ってすぐに対応してくれて。

……あれ? 俺、結構踏み込んじゃったかな? ヤベェ、やっちゃったかな(笑)。

でもこうして共同作業していること自体が嬉しくて。この姿を「子どもの頃の俺に見せてやりてぇ！」って思いましたもん。

さだまさしにレキシネームを付けろ、ですって?

さださんからも対談の時にねだられたんですが、まあ「関白」*13でいいじゃないですか。「関白宣言」がほぼレキシネームですから（笑）。

真面目に答えると、さださんの存在って、僕の中では坂本龍馬*14や聖徳太子*15と同列なんですよね。僕の中では明らかに、聖徳太子や龍馬よりも影響を受けていますし。

たとえば坂本龍馬と同時代の人間は、龍馬が教科書に載るとは思っていないわけでしょ？　さださんみたいな人が、のちのち歴史上の人物になっていくんじゃないかなあ。

何百年後に土の中から『さだまさし ヒット・コレクション』のカセットが発掘されて、「これは！」ってことになっているかもしれないし。未来の歌は、1曲10秒が当たり前になっていて、「なんだ、この『関白宣言』という曲は！　6

分20秒もあるぞ!!」ってなるかもしれない（笑）。

僕にとってはすでに、歴史上の人物なので、ご本人に会った時に呼び方に困るんです。「さださん」というのもヘンだし、「まっさん」も馴《な》れ馴れしい。で、先日、「神様って呼んでいいですか?」と聞いたら、冗談と思ったらしく、「いいよ!」って言ってくれたんですけどね。この前会ったら、

「お前、そろそろ神様って呼び方、やめろ!」

と言われちゃいました。内心、「ええっ!? 神様しか呼びようがないのに」と思いましたけどね。そのくらいの存在です。だから「神様」改め、今度から「生き神様」と呼ぼうと思っています。

生き神様!

ヤベェ、また叱られるかな（笑）。

＊1——1971年デビュー。ヒット作に『なみだ恋』『舟唄』、寺岡呼人プロデュースのブルースアルバム『哀歌』（2015）がある。
＊2——1980年発売。56万枚超の大ヒットとなり、日本レコード大賞の大賞などにも輝いた。
＊3——カセットテープのみで1980年12月に発売されたコンピレーションアルバム。ただし『雨の慕情』や当アルバムの発売された年、レキシの池田貴史は小学1年生。実際に式で歌を披露したのは、小学生になってからと思われる。
＊4——1964年デビューの演歌歌手。代表作に『女の港』『白い海峡』（日本レコード大賞受賞）。
＊5——赤塚不二夫によるギャグマンガ（1967〜78）。これまで5回にわたってテレビアニメ化され、人気を博した。
＊6——ライブアルバム『随想録』（1979）。トークも収録されている。
＊7——『雨やどり』の替え歌。休憩中の余興でやったものを『随想録』に収録した。
＊8——作詩・作曲さだまさし。ドラマ『なぜか初恋・南風』（TBS系／1980）主題歌。『道化師のソネット』と両A面シングルで1980年にリリース。
＊9——2018年7月発売。レコードデビュー45周年を記念する通算45作目のオリジナルアルバム『Reborn〜生まれたてのさだまさし〜』。
＊10——『テレビステーション25号 関東版』（2017・12）での「スペシャル対談 さだまさし×レキシ」。
＊11——作詩・作曲さだまさし。池田は同曲のプロデュースおよびアレンジを担当。さらに演奏とコーラスでもレコーディングに参加した。

＊12――歌の最後にあった〈「好きだ」って何だろう〉という歌詞を「これを大サビにしたい」と池田が主張し、その通りに変更される。
＊13――平安時代の官職で天皇を補佐して政務を執行する重職。転じて「権力の強い者」のことをいう。
＊14――坂本龍馬（さかもと・りょうま／1835～67）幕末、土佐藩の志士。海援隊長。薩長同盟を成立させ、大政奉還を実現するが、33歳で暗殺される。ただし今後の歴史教科書から名が消える可能性も高い。
＊15――聖徳太子（しょうとくたいし／574～622）かつての1万円札の肖像。7世紀、推古天皇の代の政治家。冠位十二階、十七条の憲法を制定、遣隋使を派遣する。

過去の自分を真似るのではなく、自分の中に「今」あるものを出す

若旦那（新羅慎二）

『関白失脚』の中に自分の親父がいた

さださんの曲に出合ったのは、19歳の時です。それまで、いわゆる「不良」だったんですが、後輩から突き上げを喰《く》らってしまって。部活の引退と同じで、10代だと「少年の不良」で通るんだけど、それを過ぎる時点で、そのまま本当にそういう道を進んでいくのか、足を洗うのか、決断を迫られるんです。で、後輩か

ら「気合い見せろ！」とすごまれた。

オレの中ではもう続けていくつもりがなくて、「やめる」と言ったんだけど、これは不良のルールで、中途半端に足を洗うと街に出られない。見つかると、ボコられてしまう。

繁華街には出られなくなっていたので、毎日、不良じゃない連中と遊んでいました。一緒に地元の銭湯に行ったり。部屋の中で漫画を回し読みしたり。ほとんどインドアです。ケンカ道だけ信じて生きてきたつもりだったけど、やめてしまったから何もない。時間だけがただ過ぎていくという感じでした。

いつものように部屋でまったりしている時に、親友が「すごいテープをゲットしたぜ！」とカセットテープをセットしました。それがさだまさしのベストアルバム[*1]（‖部の註は225頁から）。『雨やどり』とか『秋桜』が入っていました。この頃は、ピコピコの打ち込みサウンドが全盛で、いわゆる「小室哲哉サウンド」[*2]が街に溢れていました。そういう中でのさださんは新鮮でした。たとえば『雨やどり』はまるで映画みたいな歌詞で、他を見回してもそんな曲はありません。

集まっていた仲間は、ヒップホップやってたり、DJやってたり、音楽好きな連中が多かったんですけど、皆、驚いていました。

オレ自身は、改めて日本の歌を聴いた、という感じがしました。それまでは洋楽が多かったから、歌詞にそれほど注意を払っていません。でも、さださんの歌は、詩あってこそ。ああオレって日本人なんだって再確認しました。

もしかしたらもっと早く聴いていたら、詩の奥深さがわからなかったかもしれない。でもこの頃、ようやくわかりかけてたのかな。

そのうちにテープから『関白失脚』[*3]が流れてきました。最初は聞き流していたんですけど、そのうちに、「あれ、啜《すす》り泣きかな?」という声が入っている。ライブ音源だから、観客の笑い声や拍手が入っているんですが、その中に泣いているような声がある。しかもオヤジの啜り泣きです。

すぐに『関白失脚』の中の主人公が、自分の親父に重なりました。

親父みたいになりたくない。それがずっとオレの頭を支配していました。お袋もお袋で、『関白失脚』と同じように、親父をいびっている。親父はそのことに向き合えなくて、逃げ回ってるだけ。ぐちゃぐちゃです。

子どもながらに、そういう夫婦の嫌な感じがよくわかる。イライラするお袋、逃げ回る親父、それを見てさらにイライラするお袋。子どもって、目の前で起こっていることに左右されるでしょ？

オレは自分なりに、親父のことを好きになりたかったんです。友だちが「親父から怒られたよ」と愚痴ってるのが、正直羨《うらや》ましかった。それで、小学校5年生の時に、親父に決闘を申し込んだんです（笑）。真剣に。これなら、ちゃんと向き合ってくれるんじゃないかって思ったんでしょうね。ブン殴られたかったのかもしれない。でも決闘したら、オレが勝ってしまった。そしたら親父は、オレにびびっちゃって、家ですれ違う時も、両手を上にして壁にへばりつき「暴力反対！」と言う。こんな弱っちい大人になりたくなかった。お袋にどやされっぱなしの親父になりたくなかった。

別にグレているわけじゃなかったけど、「オレは強くなるんだ！」って、外にケンカをしにいくようになりました。強そうなヤツを街で見つけては、挑みかか

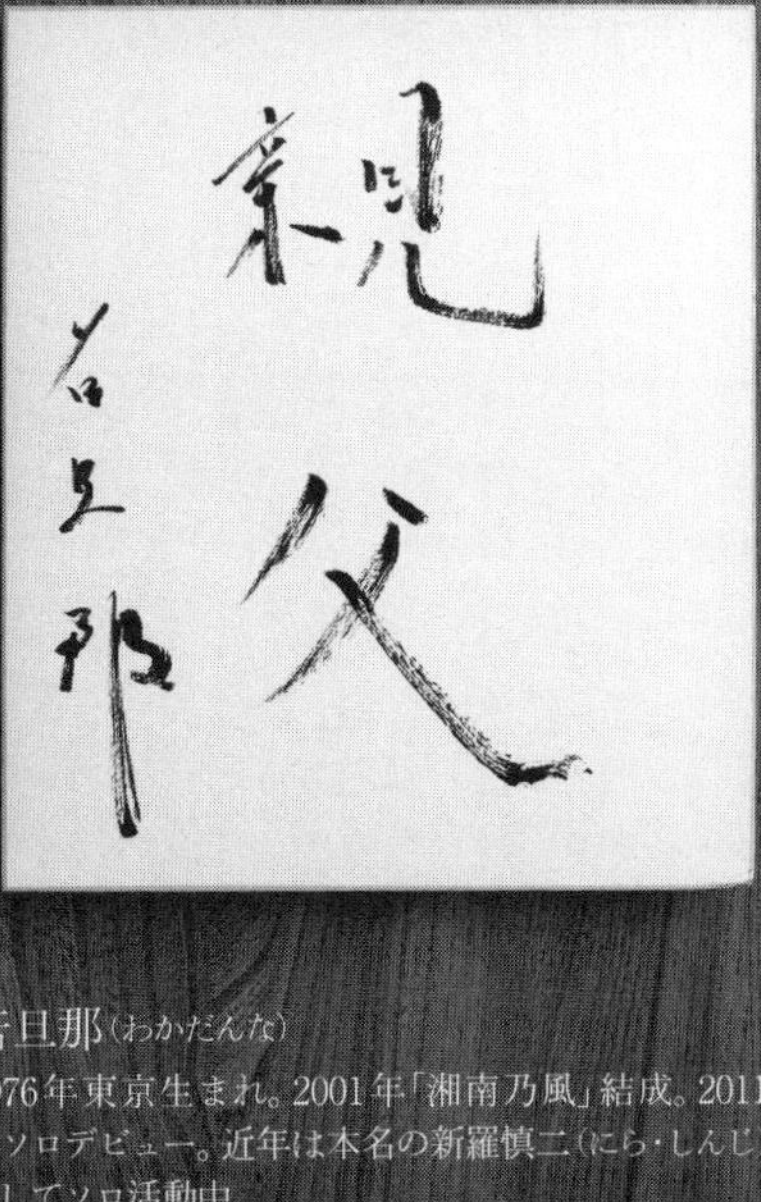

若旦那（わかだんな）

1976年東京生まれ。2001年「湘南乃風」結成。2011年ソロデビュー。近年は本名の新羅慎二（にら・しんじ）としてソロ活動中。

る。昔の剣豪ですよね。で、そのまま親父を否定したまま、ここまできてしまった。ところが『関白失脚』の中に、親父がいる。

曲の最後で、語りかけてきます。

〈人は私を哀れだというけれど／俺には俺の幸せがある
君たちの幸せの為なら　死んでもいいと誓ったんだ
それだけは疑ってくれるな　心は本当なんだよ〉

泣いてしまいました。一瞬にして自分の親父のことを理解してしまった。ああそうか、だから親父は毎晩、あんなにグダグダになるまで飲んでいたんだって、いろんなことが繋がってしまった。詩をそのまま鵜呑《うの》みにしたわけじゃないけれど、理屈じゃないとこで、わかってしまった。『関白失脚』が親父とオレの接着剤になったんです。

それまで自分は、子どもの視点しか持っていませんでした。大人は完璧なもんだと思っていたし、それを求めていた。自分は親や先生から、やることなすことダメだって否定されていたから、言われるたびに、そういうアンタは完璧なんだろ、と斜めに構えていた。でもこれって、ガキの甘えだった。

言葉を使って表現する音楽への嫉妬

『関白失脚』の中のお父さんは、弱い人間です。むしろ、弱い人間であることが当たり前なんだということに、気づかされたんです。親父もお袋も、ああなっていたのは性格なんかじゃない。人の弱さが出ていたんだって。バランスが取れなくなって、家庭の中で弱音を吐き出しているだけなんだって。それまで嫌いだった親父のことを、一瞬で許せてしまった。

それまでの自分は、「強さ」ばかり追い求めていました。ストロングが絶対。ブルーハーツ*4とか、尾崎豊*5とか、そういう歌を聴いては、体制に反発するんだといきがっていた。

ところが『関白失脚』を聴いて、〝弱さ〟を知ったんです。弱いということは、情けなさとかカッコ悪さじゃなくて、愛くるしくもある。そういうことがわかったんですね。多分オレは、この瞬間に、大人になったんだと思います。周りを見ると、友だちも相当やられていました（笑）。それからは毎日のように集まって、さださんのテープをかけ、正座して聴いていました。車で移動する時は、車でもさださんのテープをかけました。このことがねじ曲がってさださんに伝わって、「若旦那は湘南に向かう車の中で、『雨やどり』を聴いた」というネタになってしまってるんですが……。

この時、集まってさださんを聴いていた連中は、皆、自分の親父から生き方を教えてもらえなくて、苦しんでいたんですね。オレもそう。しかもこの時期は、皆、人生の選択を迫られていた。20歳を過ぎて、遊んでいられないのはわかっている。働くのか。これから大学を目指すのか。将来、何を目指すのか。

特にオレは、他の連中と違って大学に進んでいなかったから、よりいっそう、『関白失脚』にやられてしまった。このあと、美大に進むんですが、それも〝人間〟に興味を持ったから。さださんの歌で、〝人間〟の面白さを知ってしまった。〝人間の弱さ〟を何とか表現したくて、大学では人物画ばかり描いていました。

この頃、親父を誘って飲みに行くようにもなりました。「男同士の話をしたいんだ」って誘ってね。

親父に対しては疑問が山ほどあって、「なんでお袋とうまくいかないんだ」とか、「親父はいったい何のために働いているんだ」とか、直球の疑問です。

でもやっぱり親父はグダグダで、ろくな答えが返ってこない。その幼稚さは、ある意味衝撃的でしたが、でも逆に、もっと〝人間〟に興味を持ちました。親父と違ってちゃんとしているように見える大人だって、一枚皮をめくれば、幼稚だったりする。でもいざ戦う時は勇敢な顔も見せる。どっちが仮面というわけでもない。

そういう〝人間〟を表現したくて、絵を描くんだけど、どうしても表現しきれない。歌に嫉妬していたんです、この頃(笑)。言葉を使って直接表現する音楽に強烈に嫉妬していた。音楽がやりたい。そう思いました。

「さだまさしメソッド」を湘南乃風に

結局、美大は1年でやめて、そのあと中央大学の法学部に行くんですけど、やっぱり1年でやめて。そのあと1年ぐらいぐちゃぐちゃしたあと、ようやく音楽の道を目指すことを決めます。

その時には、さだまさしを聴き込んでいますから、「さだまさしメソッド」が自分の中にしっかり入っているわけです。

さださんの音楽の神髄は、人の弱さを肯定してあげる、ということ。有名になるとか、ビッグになるとか、そういうことじゃなくて、今目の前にある小さな幸せを大事にする、という歌が多い。オレの中では、こういう「さだまさしメソッド」で音楽が成り立っているんです。

たとえば湘南乃風の『純恋歌』*6。あれなんてまさに『雨やどり』。『雨やどり』ほどうまくいっていないかもしれないけど、話の展開の仕方とか、感情のグルービングとか、言葉遊び、時代背景の入れ方、「スヌーピーのハンカチ」みたいな特徴のある言葉を入れるタイミング、言葉の散らし方……。技巧的には完全に「さだまさしメソッド」です。

でも、湘南乃風はメンバー4人の共作で歌を作っていたから、全部、オレの好きなようにやるわけにはいきません。というより、「さだまさしメソッド」なんて持ち出したら反対される（笑）。

ただこれは技巧的な問題で、精神的には、湘南乃風で「さだまさしメソッド」を共有できていました。もちろん、「さだまさしメソッド」と口にしてたわけじゃありませんけど。他のメンバーはさださんの曲を聴いてませんでしたから。

19歳、20歳で迷ってる連中はたくさんいます。人生、さまよって当たり前。オレたちも迷っていたよな。そういう時期があったよな。だったらそんな迷ってる連中をオレたち、支えようぜって。これは皆で言い合っていました。自分は、19歳でさださんの歌を聴いて、考えがドーンと変わりましたが、それを自分たちでやろう、と。

特に当時のヒップホップは、「オレがいちばん」「オレはビッグ」「オレは金持ちになる」……そんな主張ばっかり。迷ってる連中には届かないと思った。自分たちは〝弱さ〟を受け止めよう。〝弱さ〟をそのまま出そう。だから、隣にお前がいればやれそうな気がする、というような〝弱さ〟を歌ったんです。〝強さ〟

一辺倒だったカルチャーに、オレたちは初めて〝弱さ〟をぶっこんだ。「さだまさしメソッド」をそのまま、ヒップホップに放り込んだんです。

さださんに実際お会いしたのは、12年前だったと思います。

きくち伸[*7]さんというフジテレビのプロデューサーに呼ばれて、さださんを紹介してもらいました。あちこちで「さださんを尊敬している」「さださんからいろいろ学んでいる」って言いまくっていたんで、それで紹介してくれたんだと思います。湘南乃風としてではなく若旦那個人としてお会いしました。今でも言われるんですけど、さださんに向かって、オレ、「『さだまさし』はいかにすごいか」って力説したそうなんです。まるで、さだまさしを知らない人に説明するみたいに(笑)。

その1年後に新聞の対談[*8]でじっくり話す機会がありました。

その頃、実はちょっと音楽に苦しんでいたんです。湘南乃風でいくつかヒットソングも生まれて、それはそれで嬉しいことなんだけど、メーカーもプロデューサーも、「こういうの、またやってください」とオファーしてくるんです。その歌が生まれたのは、その時の自分であって、もう今の自分じゃないわけです。根っこの部分は変わらなくても、やっぱり今の自分と違う。でもそればかり求められる。「それはできません」と断ろうとすると、「ヒット曲なんていらないと思っているのか」とか、「調子づいている」とか言われてしまう。

本当に苦しくて、対談でさださんにぶつけたら、「自己模倣だけは絶対にするな」*9と言うんです。

「過去の自分を真似るくらいなら、アーティストをやめちまえばいい」

当然、進化していくんだから、進化した自分を見せればいい、とさださんは言うんです。でも、時代と自分がフィットしない時がある。自分も、「女々《めめ》しい」「暗い」「臭い」と散々言われた。自分の感覚と時代が合わないことはもちろんあるけれど、その時は辛抱しなよって。時代を追いかけるんじゃない。辛抱していたら、向こうから時代が追いついてくるからって。

自分の中で、「時代で流行《はや》っているものを真似るな」「過去の自分を真似るな」、そういうことだと受け取りました。自分の中にあったものを出して、それが何かに似ているように思われることがあるかもしれないけれど、そんなこともどうでもいい。でも意識的に真似ちゃいけない。

これで随分楽になって、それからは「こういうの、またやってください」と頼まれても、胸張って断れるようになりました。「さだまさしさんもこう言ってるんで」と付け加えていますが（笑）。

さだまさしが語った憲法九条の重み

ただ最近は「親離れ」ならぬ、「さだ離れ」をしないといけないんじゃないかと思っています。あまりにも頼りすぎているから。

実際、一緒に食事したりするようになって、近くでさださんを見ていると、まだ自分の尺でしか理解できていない。自分がひと回り大きくならないと、全貌が見えてこない。

子どもの頃って、親がやたらと大きいじゃないですか。あんな感じです。さだまさし＝親父として捉えているのかもしれない。

さださんの全部に納得しているわけじゃないんです。たとえば、『生さだ』でも自分だけは前日に電話がかかってきて「言うの忘れてた、明日、空いてる?」と連絡がきたり。番組に出ても「そこ座ってて」って放置される。身内っぽくなりすぎたのかな、と不安になっています(笑)。

実際、数年前までは、食事の席でも身内ばかり。ミュージシャンはほとんどいなくて、自分とナオト(・インティライミ)ぐらい。娘さんとも話したんですけど、これまではミュージシャンと出歩かず、飲むのも身内と仲間だけだったと言っていました。

ところが最近のさださんは、それまでの深い付き合い方じゃなくて、意識的に広く浅く、いろんなジャンルの人間と会っている。さださんが拡散していく感じです。これは感覚的にそう思っているんですけど、もしかしたらさださんは、時代の要請を感じ取っているんじゃないかって思います。今の時代だからこそ、必要とされているというか。使命を感じているというか。よくさださんが話してるんですけど、

「音楽が検閲され始めたら、戦争の合図だ」

音楽は最後の砦《とりで》で、それを守る義務があると、さださんは思ってるんじゃないか。憲法九条*10の重みに関しても、さださんから教わりました。

「戦争放棄するってことは、隣のやつが殺されても笑っていられる強さを持つことだよ。自分の家族が殺されたとしても、復讐しないやつが、憲法九条を唱えられる。それを持っているのか、持たなきゃいけないのか、常に考えなければならない。もし自分の家族が殺されても、殺した人間を許す。それが愛だよ」

ご本人からこんなことも言われました。

「お前が俺のことを求めてるんだったら、いくらでも囓《かじ》り取ってよ。惜しみなく自分のことを差し出すから。もしお前が求めていないのなら、わざわざ自分から渡しにはいかないけど、求められたら有無を言わさず差し出すから」

でも、子どもが「なぜ、なぜ」と親に聞いてばかりいる時期ってありますよね？　今までの自分は、さださんに対して聞いてばかりだった。聞く時期はもう終わり。今は、「さださんの生き方を盗み取ろう」と思っています。

たとえばさださん、連載を十数本もやってますよね？　理解できなかったので、自分も連載を始めました。毎月400字を2本。これがきつい。十数本だなんて、到底無理。連載だけでなく、あれだけのライブをこなして、テレビをやって、後輩にも気を遣う。毎年、誕生日には花が届くし、メールや電話も来る。「元気か」って。こんなことをしてくれるのは、さださんだけです。

でも甘えません（笑）。

自分で音楽や人生に真摯に向き合って、で、さださんからこう言われたい。

「お前、頑張ったな」

*1――1994年発売の『さだまさしベスト』のこと。

*2――電子音を多用したダンスミュージック系の楽曲。globe、安室奈美恵、TRF、華原朋美……と何組もプロデュースし90年代を席巻。ミリオンヒットも20以上数える。

＊3──作詩・作曲さだまさし。1994年『関白宣言』のアンサーソングとして発表。創作トーク「父さんとポチ」が下敷きになっており、のちにこのトークは、立川談春によって落語版が『さだまさしトリビュート さだのうた』に収録された。

＊4──1985年に甲本ヒロトらが結成したパンクバンド。1995年解散。代表曲は『リンダリンダ』『青空』など。

＊5──尾崎豊（おざき・ゆたか／1965〜92）高校在学中に『15の夜』でデビュー。若者のカリスマとなるも26歳で夭折。尾崎はさだの『雨やどり』や『縁切寺』をカヴァーしている（アルバム『虹』）。

＊6──2006年リリースの湘南乃風の5枚目のシングル。60万枚を超えるヒットとなった。

＊7──フジテレビのゼネラルプロデューサー。『MUSIC FAIR』や『FNS歌謡祭』など音楽番組を多く手がける。

＊8──「中日新聞ほっとWeb」の「好きファン対談!!」で2人は対談した（2014・3）。

＊9──さだは対談の中で、文芸評論家の山本健吉に言われた言葉を引き合いに出しながら、「もし昔の自分に似せようなんて思い始めたら、そのときはもう活動を止めなさいって言われた。それは『自己模倣』と言って、芸術の世界では一番やっちゃいけないこと、行く先を見失っている状態なんだよ」と語っている。

＊10──「日本国憲法　第九条」日本国民は、正義と秩序を基調とする国際平和を誠実に希求し、国権の発動たる戦争と、武力による威嚇又は武力の行使は、国際紛争を解決する手段としては、永久にこれを放棄する。前項の目的を達するため、陸海空軍その他の戦力は、これを保持しない。国の交戦権は、これを認めない。

ワクワクすることをやり続け、「1兆人に1人」のレアな価値

堀江貴文

『償い』を聴いて思わずウルッときた

さだまさしさんの印象が一変したのは『償い』を聴いた時のことです。

それまで正直、僕らの親世代が結婚式でよく歌う「『関白宣言』の人」というイメージしかありませんでした。

ただ、『償い』をちゃんと聴いたのは、丸ちゃん――プロゴルファーの丸山茂

樹*1（‖部の註は242頁から）さんのカラオケでした（笑）。

ちょうどライブドア事件の後に、弁護士から「お前は表に出るな」*2と言われていた時期がありました。でも表に出ないとやることがなくて、つまらない。そんな時に先輩からゴルフに誘ってもらったんです。

たまたま友人の別荘にいたんですが、そこはカートで30秒のところに10番ティーがあるような環境。それで、麻雀をやるつもりで別荘に行ったのに、半ば無理矢理ゴルフに引きずり出されてしまった。ゴルフは数回やったことがあったけど、当時は下手だったんで、気乗りしなかったんです。

「いや、だってゴルフウェアもシューズもないし……」

と必死に抵抗しましたが、結局、着の身着のままでとりあえず回ることに。ところがなぜかこの時をきっかけにハマってしまった。以降、多い時は年間300ラウンドくらい回っていたかな。今から15年ほど前の話です。

で、ゴルフ漬けになって、ゴルフ人脈がどんどん広がるうちに、丸ちゃんと知り合った。ゴルフだけでなく、一緒に飲むようにもなって、カラオケに行ったたんです。そしたら丸ちゃん、カラオケが超うまい！

なぜそんなにうまいのかと聞くと、全米ツアーを回っていた頃、移動中の車内がヒマだから、ずっと歌っていたんだそうです。何を歌っても、本当にプロ並み。で、その丸ちゃんが『償い』を熱唱してくれたんですけど、思わずウルッときてしまって……。

なんで俺、こんなに感動してるんだろう。これ、誰の歌？　えっ？　さだまさし？　こんないい曲を作ってるの？

そんな感じです。

僕の中で、「テレビの中の歌手」から、「特別な才能を持つ人」へと、イメージが変わった瞬間でした。

それから2017年の夏のことなんですが、僕が準レギュラーコメンテーターを務めていた『5時に夢中！』*3に、さださんがゲストで出演したんです。何回記念だか忘れましたが、スペシャル番組*4で、放送前に「え？　本当にさだまさし本人が来るの⁉　あり得ないでしょ」と疑っていたら、本当に来た（笑）。

しかも、めちゃくちゃ気さくで、ノリもメッチャいい。たまに『生さだ』を観てたんですけど、あの気さくなノリが楽屋でもそのまま。

「なんで、あんな番組やっててんすか？」って聞いたら、「オレもわかんないよ」って気さくに笑わせてくれる。

きっとさださんは、いわゆる大御所芸能人にありがちなヘンなプライドがないんでしょうね。自分が世間からどう見られているかというようなことを過剰に気にしていないんだと思います。

プライドが高くて得することなんて、ひとつもありません。プライドが解決してくれる物事もなければ、プライドが高い人が優秀なわけでもない。大事な決断をする時の障害にもなります。

逆に、プライドが低ければ動きやすいし、スピーディに質の良い判断ができます。周囲から親しみを持たれ、愛されます。僕の周りの人間関係を見ていても、本当にそのことを実感します。

さださんを見ていると、そういうくだらないプライドを全然感じない。他人の

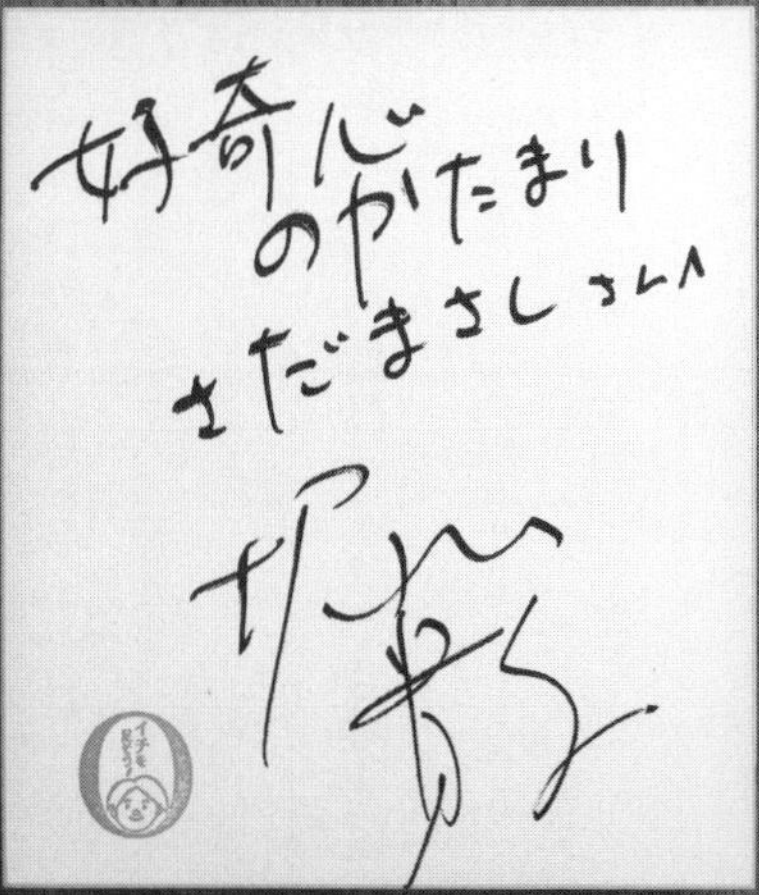

堀江貴文（ほりえ・たかふみ）

1972年福岡生まれ。実業家。東京大学文学部中退。愛称はホリエモン。ロケット開発など多数の事業を手がける。

horiemon.com/

目など気にしていない。だから『5時に夢中！』というローカル番組にも気負わず出てきて、自分から楽しめてしまう。

さださんファンはデビュー当時からの年配の方も多いんですよね？　え？　スタッフも最初からあまり代わってない？　それってすごいことですよね。ずっと愛され、支え続けられてるってことですから。

僕も番組でお会いして、すぐにさださんという人間が好きになりました。

トークショーでの即席ライブで会場を虜に

この放送終了後、ＬＩＮＥを交換しようとしたんですけど、さださん、ガラケーだから「できない」という。そのあと、ご自身のインスタにも僕とのツーショットを載せて、

「ＬＩＮＥやるように薦められているんだけど、ガラケーだからなぁ〜」

と書き込んでいましたけど。

だから今は、さださんのインスタに僕がコメントして、それにさださんが返信

コメントするという、微妙な距離でのお付き合いが続いています。

それから僕、和牛の店*5をやってるんですが、「来てくださいよ」と何気に誘ったら、本当にフラッと来てくれて。精肉店で肉を買っていってくれたこともありました。お礼にカツサンドの差し入れなんかさせてもらって。

そんなこんなで、

「ホリエモン万博*6でトークイベントやるんですけど、出てくださいよ」

とダメ元でお願いしたら、

「いいよ！」

とあっさり。

このイベントは、僕がやっているオンラインサロン*7があって、そこのメンバーたちが主催する、まだまだ手作り感満載のイベントだったんですが、まさかOKしてもらえるとは思ってもみなくて……。

ただ、やっぱりメンバーたちはさださんの気さくさを知らないですからびびっちゃって、

「あんな大御所に、トークショーで歌ってくれとお願いするのはまずいんじゃないか」

と躊躇《ちゅうちょ》してしまった。

で、当日のトークショーで『償い』の話にもなったんですが、本人を目の前にすると、「やっぱり生で聴いてみたい。会場の人に聴かせたい」という衝動に駆られてしまう。それで、またしてもダメ元で、

「『償い』、歌ってくださいよ」

と頼んでみると、

「そういうのは先に言ってよ、そしたらギター用意してくるのにさあ」

とさださん。でも、結局歌ってくれることになり、急遽、スタッフが走り、別の会場でお笑い芸人がネタに使っていたギターを強引に借りてきて、その場でさださんが何とかチューニングして、即席ライブをしてくれました。

いいギターじゃないし、チューニングも完璧じゃありません。アンプもないし、音響も最悪。でも会場に集まった観客全員が聴き入っていた。これは大袈裟《げさ》じゃ

なく、あそこにいた人全員、さださんファンになったと思います。
即席なのに、それくらい十分な迫力がありました。

さださんは「歌手」でくくっちゃいけない人だと思います。

ひと言で表すなら「マルチな人」。だからいろんなことに手を出して、失敗することもあるんでしょうけど（笑）。

「好奇心の塊」みたいな人なんでしょうね。

悪く言うと、とっ散らかるし、飽きっぽい。

だってあれだけヒット曲があるんだから、大人しく歌だけ歌っていれば間違いなく稼げる。でもそれだと本人はつまらないんでしょうね。僕もいろいろなことをやっているから、その気持ちがよく理解できます。マルチな才能を持っている人は、ひとところにいられないんです。

元リクルートの藤原和博*8さんが唱えていることですが、人はひとつのことに1万時間取り組むと、誰でも「100人に1人」の人材になれるそうです。

1万時間というと途方もないように思えるかもしれませんが、1日6時間取り組めば、5年で1万時間になります。さださんの場合、歌手を50年やってるわけだから、まさにこの道のプロ。それだけじゃなくて、「詩人」「作曲家」「小説家」という〝顔〟(=肩書き)を持っている。会社の経営も長くしているから「経営者」の顔もある。何はともあれ、35億円もの借金を無事に返した手腕は見事です。それから「生放送のキャスター」。

つまりさださんは、マルチにいろいろ手を出して、しかもその分野にのめり込んだお陰で、「100人に1人(歌手)」×「100人に1人(詩人)」×「100人に1人(作曲家)」×「100人に1人(小説家)」×「100人に1人(経営者)」×「100人に1人(生放送のキャスター)」=「1兆人に1人」という価値を持つ人材になっている。他にもいろいろ極めているでしょうから、「1兆人に1人」どころじゃないかもしれません。

ヘンなプライドがないから、これからも新しい分野に躊躇なくチャレンジしていくでしょう。「失敗して後ろ指さされたらどうしよう」と考えないわけだから。

僕も同じですが、さださんも、仕事と遊びの境界線がなくて、ただワクワクすることに飛びついていっただけだと思います。そうして自分でも気づかないうちに、いつの間にか何足ものわらじを履いている。

プライドのなさと好奇心の強さが、様々なさだ作品の源泉になっているんだと思います。

SNSを使いこなせばファンはまだまだ増える

僕も今、オンラインサロンという新たな試みを始めたところで、新しい生き方や働き方をゼロから創ろうとしています。試行錯誤の連続です。

今まで通りの株式会社をつくってIT系のビジネスをやれば、それなりに簡単にうまくいくだろうけど、別にそれをやりたいとは思わない。新しいことをやっていくことに、喜びを感じています。

僕のメールマガジン*9も新しい試みのひとつなんです。

月額880円の有料メルマガですが、今、読者が2万2000人を超えました。月額880円×12カ月なので、1年でだいたい1万円。2万2000人×1万円なので、メルマガの収入は年間2億2000万円。これを新書で換算すると、新書1冊が800円だとして、こっちに入ってくる印税は1冊80円なので、275万部を売り上げたということになります。

毎月20万部を超えるベストセラーを生み出し続けるのはほぼ不可能です。ですが、メルマガだとそれができてしまう。ちょっと視点を変え、こういう新しい仕組み作りをすることに、やりがいや面白さを感じるんです。

さださんも新しいことに面白さを感じるタイプの人。じゃなきゃ、還暦を過ぎてあんなにエネルギッシュに動けないですもん。

YouTubeで謎のピコ太郎[*10]を振り切って踊ってましたし（笑）。インスタもやって[*11]ますもんね。

ただ、あのインスタはファンサービスの一環だとしても、まだまだ課題が多いですね～（笑）。著名人とのツーショットばかりアップしてますけど、インスタ見る人って、ポイントはそこじゃない。

もっとさださんのかわいらしさを見たい（笑）。あれだけ好奇心のある人なんだから、自分が好きなものとか、興味を持ったものとか、そういうプライベート感を出せば、ケタ違いにフォロワーも話題性も増えると思います。

さださんは多彩な趣味もお持ちだと思うんで、そのあたりをアップすれば、その趣味繋がりで新しい人がたくさん流れてくるでしょうね。

あれだけサービス精神旺盛で、話題も豊富でトークもうまいんだから、SNSの展開はもっと上手にできるんじゃないかなあ。もったいない(笑)。

僕もたった一曲の『償い』に驚いてハマった経緯があるので、「さだまさし」を知らなかった人が何らかのカタチで触れれば、きっとすぐに好きになると思うんですよね。

さださんだからこそ、もっともっと大胆な手法にも挑戦してほしい。

たとえば、ご親交がある小林幸子さんも思い切ったことをしましたが、あの路線もやってほしいですね。

小林さんは「ニコニコ動画」にニコ動のテーマソング[*12]を投稿しました。あれは大きな分岐点だったというか、あのPVでガッチリ新たなファンを獲得しましたよね。

それまではきっと、若い人からしたら「演歌を歌っている派手な衣装の人」という認識でしかなかったと思うけど、小林幸子さんが自分たちのところに降りてきてくれて、聴いてみたら歌がうまくてビックリ、ということだったと思うんですよね。「小林幸子」を皆が突然、認識してしまったという。

それがインターネットのすごいところです。さださんもネットの動画とか、やってくれないかなあ。今ならニコ動よりも、「TikTok《ティックトック》」[*13]とかウケると思います。

小林さんも、『ポケットモンスター』のエンディングテーマ[*14]を歌って、さらに知名度が広がったというところがあると思うんですけど、さださんもアニメの主題歌なんてどうでしょう？　もしくは、少し昭和テイストを出しながら、『マツケンサンバ』[*15]のノリで歌って踊るとか（笑）。

ショービズ的な観点から言えば、アジアも狙ってほしい。アジアには広大なマーケットが広がっていますし、さださんのメロディは合うと思います。必ず需要があります。

フィーチャリングのさらなる意外性にも期待したい。

アルバム*16でも、いろいろチャレンジされてますけど、僕がプロデュースするなら全然関係ない人と組ませますね。feat.加藤ミリヤとか（笑）。

フェスも、全然関係のないところに出てもらう。「氣志團万博」*17とか。氣志團の綾小路翔さんは知識も豊富だし、さださんを面白く加工してくれる気がします。若い連中と対バンしても、さださんなら負けないでしょう。

まあ、僕が言うまでもなく、さださんは今後も興味が赴くままに、いろいろと面白いことをやってくれると思いますので、楽しみにしています。

*1――国内ツアー10勝、世界ゴルフ選手権優勝のプロゴルファー。モノマネが上手なことでも知られる。2000年から2008年までアメリカのPGAツアーに本格参戦し、3勝をあげた。

*2――堀江は2006年、証券取引法違反（ライブドア事件）で逮捕され、2011年までは裁判の渦中にあった。ゆえにこの時期、世間やマスコミの前から姿を隠していた。

*3――2005年より東京ローカルで放送されている東京メトロポリタンテレビジョン（TOKYO MX）の情報帯番組。

*4――2017年6月30日放送『笑顔が止まらない！フルスイングで3000回SP！』のこと。

*5――和牛を世界に広めるべく堀江らがプロデュースする「WAGYUMAFIA」のこと。会員制レストランやカツサンド専門店、精肉店を展開する。

*6――あらゆるサブカルイベントを詰め込んだ大規模街中フェス。さだは2018年2月4日に六本木で開催された対談イベントに参加した。

*7――会員制オンラインサロン「堀江貴文イノベーション大学校（HIU）」。約30個の分科会グループで構成され、その中でメンバーは自身のやりたいことをカタチにしていく。

*8――区立中学校の民間人校長を務めたことでも知られる著述家。藤原は『藤原和博の必ず食える1%の人になる方法』などの著書の中で、これからのAI時代を生き抜く術として、「100人に1人」のレアな人材を目指すべきと説く。

*9――「堀江貴文のブログでは言えない話」

*10――2016年12月31日、ピコ太郎の『PPAP』の「和風バージョン」を公開。和太鼓や三味線が

登場する本格的な動画で、視聴回数は320万回超。

*11—さだは2017年1月1日、インスタグラムを開設。さだいわく、「今まではSNSはやらないと拒絶していたのですが、そそのかされてやってみたら、意外と面白かったので、しばらく続けてみようと思います」。

*12—小林幸子は2013年9月6日、「ぼくとわたしとニコニコ動画」のPVを投稿。すぐに話題となり、「ラスボス」の異名もつけられた。

*13—ショート動画コミュニティのスマホアプリ。

*14—小林幸子は1997年、アニメ『ポケットモンスター』(テレビ東京系)のエンディングテーマ『ポケットにファンタジー』を歌った。翌年には映画『劇場版ポケットモンスター ミュウツーの逆襲』のエンディングテーマ『風といっしょに』を担当した。

*15—松平健が歌うダンス曲のシリーズで、特に『マツケンサンバII』(2004)は50万枚を超えるヒットとなった。

*16—2018年7月4日発売のアルバム『Reborn～生まれたてのさだまさし～』。

*17—ロックバンド・氣志團が主催する野外ロックフェス。

昨日の自分よりも〝成長したい〟という気持ち

[解説] 寺岡呼人

泉谷しげるさん、レキシ、若旦那、堀江貴文さん。不思議な並びです。たとえばレキシは、音楽業界的には「ブラックミュージックの職人」という位置づけです。それが〝さだまさし〟にインスパイアされていた。若旦那もそうです。ヒップホップ、レゲエをやっている元不良が、〝さだまさし〟に涙していた。泉谷さんは、さださんとほとんど真逆のポジションにいました。泉谷さんから見れば、さださんは「優等生」に映っていたのかもしれません。ところが年月が経ち、チャリティコンサートで邂逅《かいこう》し、お互いに振り向いたら真後ろにいた、という感じではないでしょうか。

泉谷さんが指摘する通り、音楽は「ジャンル」に縛られる側面があります。聴く側だけでなく、作り手もロックやフォークという括《くく》りに縛られている。ところがさださんは、そういうジャンルの枠組みの中にいません。ジャンルレスです。あえていうならば、〝さだまさし〟というジャンルです。たとえばビートルズが出てきた時、ビートルズのような音楽はありませんでした。〝ビートルズ〟というひとつの発明でした。さださんもまた、〝さだまさし〟というジャンルを発明してしまった。

たとえば『雨やどり』も『関白宣言』も、当時は誰も作ったことのない歌でした。コミカルだけど、コミカルソングというわけではない。そこにストーリーがあって、笑いと涙がある。現に、『関白宣言』を小さい頃に聴いたレキシは、音楽の道へと進んでしまった。『関白宣言』の続編といえる『関白失脚』を聴いた若旦那は、この歌に涙し、その後の人生を変えてしまった。

『雨やどり』も、『関白宣言』も、当時は変わった歌だと受け止められていたかもしれませんが、何十年も経って「スタンダードナンバー」になってしまったのです。
実は今回の取材で、すべての人に「〝さだまさし〟の好きな曲は?」という質問をぶつけています。皆さん悩んだ末、こんな答えをくれました。
笑福亭鶴瓶　『木根川橋』(1979年)
立川談春　『虹〜ヒーロー〜』(1994年)
高見沢俊彦　『まほろば』(1979年)、『眉山』(2007年)
鎌田實　『風に立つライオン』(1987年)、『八ヶ岳に立つ野ウサギ』(2000年)
小林幸子　『茨の木』(2012年)
ナオト・インティライミ　『片恋』(2010年)
カズレーザー　『二軍選手』(1989年)、『前夜(桃花鳥)』(1982年)
泉谷しげる　『案山子』(1977年)、『ペンギン皆兄弟』(1997年)
レキシ　『関白宣言』(1979年)、『HAPPY BIRTHDAY』(1980年)
若旦那　『関白失脚』(1994年)、『遙かなるクリスマス』(2004年)

堀江貴文　『償い』（1982年）

この後に登場する『生さだ』のお二人の選曲はこちらでした。

飯塚英寿　『甲子園』（1983年）

井上知幸　『恋愛症候群――その発病及び傾向と対策に関する一考察』（1985年）

発表年代も曲もバラバラです。皆の中に、それぞれの〝さだまさし〟のスタンダードがある。これって実はすごいことなんです。

作り手の立場からいえば、「応援ソング」というのは作りやすい。実際、世に応援ソングは溢れています。ところがさださんには、明確な応援ソングがない。『償い』なんて、聴いたあとに落ち込みます。でもなぜか、勇気をもらえる。『甲子園』や『二軍選手』のように、負けた人間に寄り添いながら「頑張れ！」とも「大丈夫」とも言わずに、結果的に聴いている人を応援している。さださんが生み出した〝さだまさし〟というジャンルです。

さだまさしの前にさだまさしはいないし、さだまさしの後にもさだまさしはいない。僕にはそう思えます。さだまさしさんはライブで、よくこんなことを口にします。

「なぜこんなにライブを続けるのか、それは昨日の自分よりうまくなりたいから」

〝うまくなりたい〟というのは、技術的なことだけではなく、昨日の自分よりも〝成長したい〟ということだと。高見沢さんも、泉谷さんも、同じことを取材で口にしていましたが、創造する人たちは皆、〝成長したい〟と思い続けている。

そのためには、今までの自分を捨てる必要があるかもしれない。リセットしなければ、次に進めないかもしれない。だから「生き直す（Reborn）」。さだまさしさんの秘密が、ここにあるような気がします。

特別企画

テレビじゃ言えない『生さだ』のウラ話

飯塚英寿×井上知幸

アップルウオッチも早かった!

飯塚 さださんとは1991年の『紅白歌合戦』の楽屋で話した記憶があってそれ以来のお付き合いです。その前はちょっと覚えてない(笑)。さださん、新しい番組企画に興味がある方なんで、「なんか面白いことやろうよ」といろんなネタを持ってきてくれる。で、いよいよ番組を立ち上げようということになって……。

井上 さださん行きつけのホテルのバーに呼び出されたんです。飯塚さんから「企画があるから来ないか」と。さださんと面識はありましたが、きちんと話したことはありません。滅多にテレビに出ない人でしたし、演出家と大ゲンカして『紅白歌合戦』を降りたという話を耳にしていたので、僕の中では〝怖い人〟というイメージ。実は行く前からビクビクしていて、内心、嫌でした（笑）。ところが会ってみたら、気さくで冗談ばかり。まったくふざけた方でした。

飯塚 それで3人で毎週のように会って話すようになりました。私は当時主流の「作り物」が嫌で、そうじゃない番組を作りたかったんですが、その流れで、「どこかへ行きたいですね」となった。そしたらさださんが「そういえば頼まれて岐阜の谷汲《たにぐみ》村ってとこの村の歌を作ったけれど、一度も行ったことがない」と。「無責任ですね〜」と返しながら、「じゃあそこに行ってみましょう」ということになった。

井上 その時のさださんが、「旅番組は多いけれど必ず行く前からカメラが待ち構えている。それはおかしい」「約束事のない旅番組をやってみたい」と言う。これに飯塚さんも僕も食い付いたんです。当時は誰もやっていなかった。

飯塚 これはさださんのネタになってるんだけど、「飯塚は番組で一緒に旅するとしたら、キレイな女性がいいと言った」と。そんなこと言ってないんだけど（苦笑）、結局、さださんの希望で、鶴瓶さんと一緒に谷汲村に旅に出ることになりました。

井上 最初の台本は、『素晴らしきニッポン』というタイトルでした。

飯塚 実際は、『さだ&鶴瓶のぶっつけ本番二人旅』というタイトルで1995年の夏に放送しました。最初から、ロケで完結させないで、スタジオでまとめる形にしたかったんです。

井上 2人で谷汲村に下見に行きましたね。役場にはきちんと話を通しましたが、雑誌記者だと嘘をついて極秘で取材をしました（笑）。NHKの番組が来るとばれてしまうと、普通の旅番組と変わらなくなってしまいますので、できるだけ内密にと。

飯塚　やってみて初めてわかったんですけど、さださんは極度の人見知り（笑）。前から高校生が歩いてきても、すーっと離れていく。逆に鶴瓶さんは人頼み。今でもそうですけど勘が働くのか、これぞ、という人を見つけ出す。人見知りと人頼みのコントラストが最高におかしくて、番組として成立したんです。

井上　さだ・鶴瓶コンビの特番は、結局3回でしたね。

飯塚　さださんは飽きっぽいんですよ（笑）。3回で精一杯。

井上　そういえばカメラもすぐ飽きますよね（笑）。

飯塚　さださんはカメラ好き、ガジェット好き、新しい物好き。iPadも誰よりも早かったし、アップルウオッチも「もうしてる！」と驚かされたけど、次に会った時にはしていない（笑）。早くから作曲にマックも使ったし、とにかく最新のデジタル機器に反応する。でもマスターするとすぐに飽きる。カメラもキヤノンの5D、7D、ソニーのミラーレス一眼……といつも新型を持っているけど、すぐにあげちゃう。

井上　iPhoneもいつも新型を持ってますもんね。でも使うのはなぜかガラケーが

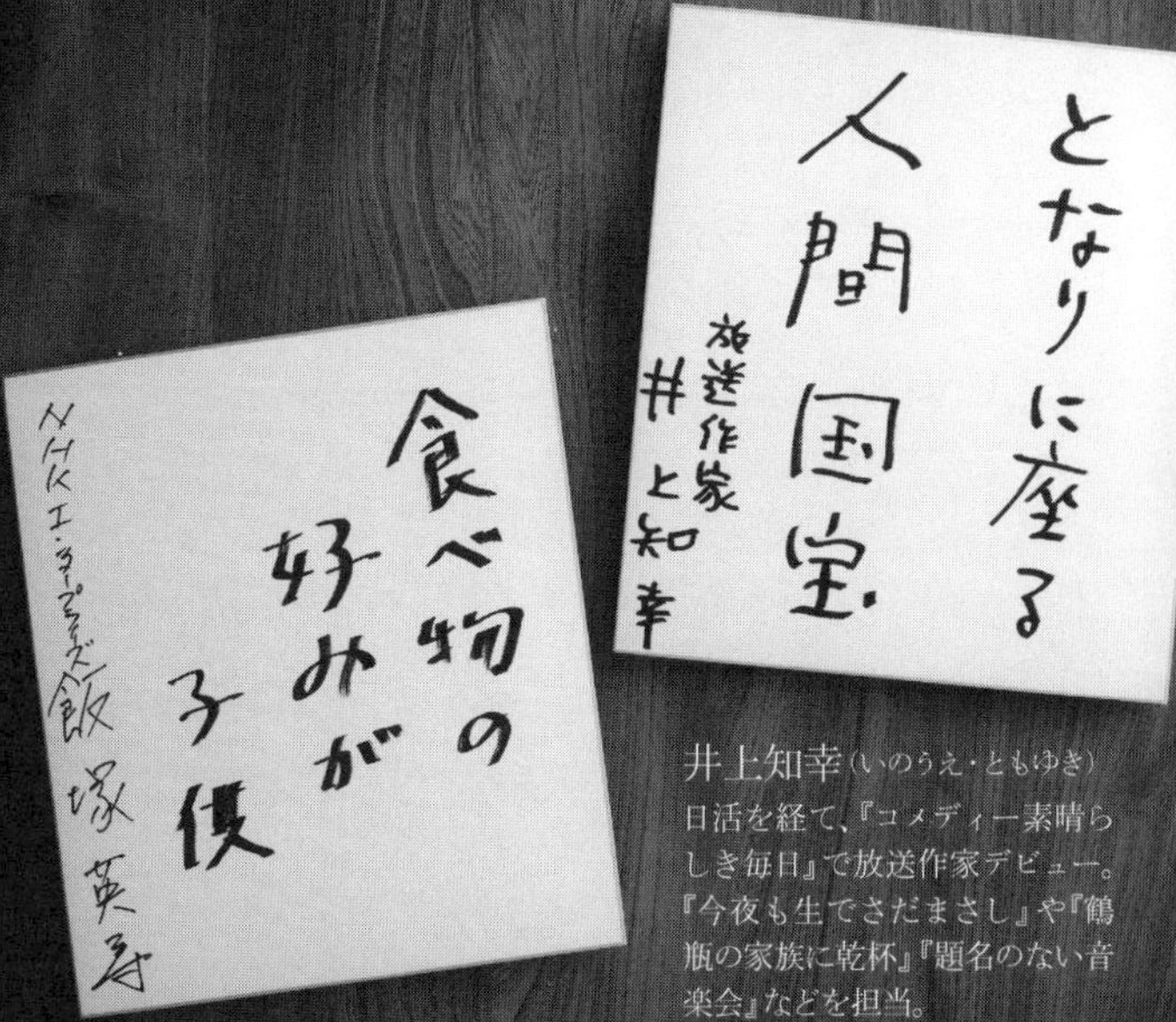
となりに座る
人間国宝
放送作家
井上知幸
食べ物の
好みが
子供
飯塚英寿

井上知幸（いのうえ・ともゆき）
日活を経て、『コメディー素晴らしき毎日』で放送作家デビュー。『今夜も生でさだまさし』や『鶴瓶の家族に乾杯』『題名のない音楽会』などを担当。

飯塚英寿（いいづか・えいじゅ）
NHKエンタープライズ制作本部番組開発エグゼクティヴ・プロデューサー。『今夜も生でさだまさし』や『家族に乾杯』を手がける。

多かった（笑）。

殺人的なスケジュールの原因はご自身

飯塚　『生さだ』を放送する場所に関しては、できるだけ全国のNHKの地域放送局を回りたかったんです。NHKは全国的な組織ですが、各地域放送局はその地域の情報発信源にもなっている。地方でも頑張っている、という姿をお見せしたかった。さださん自身は、長崎出身のせいもあって、全国一律の放送を行なうNHKを好きでいてくれたというか。NHKに入局した人間が、全国各地で勤務し、そこで奮闘していることを知っている。そしてその頑張りが、皆さんからの受信料で支えられていることもわかってくれている。それもあって、さださんは『生さだ』で「受信料を払おう」というキャンペーンをすることに積極的に荷担してくれた。非常にありがたかったですね。で、地方に行くんですが……。

井上　さださんは地方に行っても、ラーメンやうどんばかり食べてますね（笑）。

飯塚　その土地の名物を食べることも旅の楽しみだと思うんですが、さださんはそういうものを滅多に口にしない。ハンバーグ、目玉焼き……食べ物の好みが子どもなんです。あれもどうなのか……(苦笑)。

井上 収録場所を伝えると、最初に否定の反応がありますからね。

飯塚 先日もさださんに「今度は釧路です」と伝えたんですが、一発目に返ってきた答えが、「なんで?」。基本、面倒くさがり屋だから、「釧路? また北海道? 北海道多いぞ」と不機嫌になる。通常、一県一放送局なんですが、北海道だけは広いので7局もある。だから必然的に北海道が多いように感じてしまうのですが(笑)。

井上 さださんのスケジュールも殺人的ですよね。『生さだ』は深夜の生放送ですから体力も使います。年齢のことを考えると、よく体力が持つなと……。

飯塚 仙台の『生さだ』のあと即帰京して、その日の午後に日本ダービーで国歌独唱するとかね(笑)。金沢でやった時は大雪で飛行機が欠航。当時は北陸新幹線開通前で、さださん、その日の武道館のイベントに参加するために、在来線を乗り継いでギリギリ間に合わせたそうです。

井上　『家族に乾杯』で、震災後すぐの5月に石巻を訪ねたんですけど、この時は佐賀で『生さだ』をやったあと始発の便で仙台空港に向かい、鶴瓶さんと落ち合いました。ほとんど寝ていません。私も同行したんですが、あれはきつかった(笑)。

飯塚　本当にスケジュールをどんどん詰め込んでいく。

井上　さださん、「ひとりブラック企業だな」と笑ってました。

飯塚　さださんは自分で企画を思いついて、自分で自分の首を絞めているところがあるんだよなあ。

井上　「まっさんぽ」もそうですよね。

飯塚　さださん、カメラ好きだから、新しく買ったカメラを試したい。で、「よし、『生さだ』で写真撮ろう」と言い出した。そうなると昼間からロケに出ないといけなくなるんですが、さださんのマネージャーは「無理ですよ、スケジュールないから」と困った顔をする。でも本人が言い出したことだからしょうがない。たとえば長崎で『生さだ』があったとすると、「まっさんぽ」のために朝の9時の飛行機に乗らないといけなくなる。「なんで夜中の番組なのに、朝9時に行かなきゃならないの？」と、さださんはボヤくんだけど、原因を作っているのはご自身。

ハガキにすべてをかける

井上　『生さだ』の特徴は、視聴者のハガキを中心に放送しているところですが、放送の1週間くらい前に、スタッフでハガキをチョイスする会議を開きます。挨拶のみや悪口など、「放送には向かないハガキ」というのをより分けます。ひと月に届くのは500通程度。多い時は1000通を超えます。30代、40代の方からのハガキも多く、中には小学生からも。男性からのハガキも増え続けていますね。メールやファクスもOKにするともっと増えるんでしょうが、「ハガキに込めた時間」というのを、さださんは大事にしているんです。「手紙は書いている間、その人のことをずっと考えてるということ」、だから「手紙は〝時間のプレゼント〟」なんだと。

飯塚　このあたりは非常にさださんのこだわりがあって、「匿名」のハガキには本当に腹を立てる。「ペンネームでもいいからちゃんと名乗らないと、僕は読まない」って。

井上 通常のテレビでは、生放送でも台本の通りに進行することが多いんです。番組に届いたファクスやメールも、何を読むのか事前に決まっています。ところがさださんは、時間をかけてハガキに目を通していて、本番で何が読まれるかは、スタッフの誰も知りません。

飯塚 事前に固めたほうが負担は減るんだろうけど、それじゃ番組が面白くならない。それをさださんもわかってる。毎回さださんじゃなく他の方に司会してもらえば、さださんの負担が減るんじゃないかと検討したこともあるんですが、アーティストの方に内々に打診してみると、『生さだ』は面白いけど生はだめ。あんな度胸はない」とみんな断ってくる。「あの番組はさだまさししかできない」と私たちスタッフも思っているし、きっと本人もそう思っているはずです。

井上 スタッフ全員、当日は意外とピリピリしています。

飯塚 さださんの思い付きで、番組中はハプニングの連続です。番組中に、友人に電話をしてみたり。一方で、ハガキを読んでときおり歌う、というフォーマットはいじっていません。マンネリだと言われればそうだと思います。ただ、さださんには、「マンネリだと言われてもいい。わざわざカタチを変えてまで生き延びる必要はない」という思いがある。大事なことは変えなくていい、というスタンスなんです。

井上　さださん自身は面白がりたい人だから、「マンネリでいいんだ」と言う一方で、攻めていきたいとも思っている。だからいろいろな企画を入れ込むようにしています。嫌ならやめればいいわけですから。それで新春や年度末のスペシャルで、いつもと違うことをお願いするんですが、さださん、なかなかイエスと言ってくれない（笑）。

飯塚　それを説得するのが私の仕事です。

井上　スペシャルの時は、いろんなゲストの方と共演することが多いんですが、さださんは人見知りなので、たいてい「この人はどうかな〜」とお悩みになるんです。それを飯塚さんが説得して……。でも最終的にはプライベートでも仲良くなったりするんです（笑）。

飯塚　ゲストの方には極力、さださんに事前に会う機会を作っていただいてます。でないとさださん、ゲストに緊張して距離をおいてしまう。ある時、猫ひろしさんが飛び入りで出演してくれました。マラソン大会に出場するために近くに来ていたんです。で、番組に出ていただいたんですが、さださんの反応が微妙。知っているのかどうなのかも判然としない。猫さんの「ニャー」にも無反応。全然いじらず、「頑張ってください」で終わり。笑っちゃうほど人見知り感が出てしまった。

井上　逆に、仲がいいと乱暴ですよね。毒舌になりますし。

飯塚　大竹しのぶさんなどにも「そこに座ってればいいよ」とかやりますしね。若旦那には、せっかく来てくれているのに、「歌いたいの？」「まだいたの？」と言ったりする。そういう人間関係が好きなんです。

井上　ホワイトボードも番組らしさのひとつです。

飯塚　最初の頃は、さださんも含めてスタッフ総出で描いていたんですが、番組

2年目くらいかな？　小針画伯が担当するようになったんです。紅白の舞台デザインなどもやっていた方なんで、絵心がある。

井上　あれ、「製作時間5時間」とか謳《うた》っていますが、ウラ話があって、地方の放送局にキレイなアナウンサーの方なんかがいると、小針画伯、しゃべり込んでしまって筆が進まない。しゃべっている時間を含めての「製作時間5時間」ですから（笑）。本当なら2時間で描けるんじゃないですか？

飯塚　さださんは気が利くから、小針画伯の絵をちゃんと品評する。地理にも詳しくて「この形は○○城だな」なんて指摘するもんだから、画伯も嬉しくなって、ますます力が入るんです。

「60歳で引退」の考えが変わった

飯塚　『生さだ』も100回をとうに超え、いろんなハプニングや出来事がありましたが、2008年10月にお台場のフジテレビから『生さだ』を放送したのは、結構な事件だったんじゃないかなあ。

井上　あれもハガキがきっかけでしたもんね。当時のフジテレビ編成制作局長から『眉山』の映画化PRのハガキが来て、普通、フジの社員の手紙をNHKで読む、ということはあり得ないんですが、『生さだ』だからできてしまった。

飯塚　それでさだが、「読んであげたんだから、お礼にスタジオを貸してよ」と無茶振りしたもんだから大変なことになって（苦笑）。フジの協力を得て、球体展望台の中からフジテレビの技術のスタッフによって、映像をNHKに飛ばしたという。さださんはこういうトライを非常に面白がってくれて、積極的に乗ってくれるんです。

井上　僕は、東日本大震災の1カ月後に急遽放送した回が印象に残っていますね。

飯塚　あの時、さださんに、「これ、やれたらやりますか」って言ったら「やろう！」って即決してくれて。放送枠がない時点での編成への提案だったんですが、うまく空きを見つけてくれて、さださんもスケジュールを調整してくれました。被災地の人はテレビが観られない、という理由で、ラジオでも放送しました。

井上　観覧の方も入れずに、スタッフのみ。インフラの復旧などの問題もあったので、この時は特別にメールでもお便りを募集しました。2000通以上集まったのを覚えています。そのあといろんなところで口にされてますけど、さだかさん、実は60歳で引退しようと考えていたそうなんですね。この時59歳ですから、翌年の2012年には辞めようと思っていたということです。「俺は何をバカなことを考えていたんだろう。まだまだ必要とされる自分がいるなら、続けていくのが『さだまさし』じゃないか」とおっしゃっていました。

飯塚 あの放送は、「何か聴いている人に意味のあることを届けたい」という思いがありました。テレビというメディアは、面白ければいいじゃないか、というスタンスで走り続けてきた側面もあるんですが、面白さやスピードだけになってしまうと、芯がなくなってしまう。そうじゃなくて、伝えるべきものをきちんと伝えようという思いが、さださんにもスタッフの中にもありました。

井上 やっぱり最初は笑っちゃいけないんじゃないかとか、余計なことを考えてしまって、さださんも硬かったですね。でもだんだん普段の調子に戻ってきて。で、最後に何を歌うか、さださん、すごく迷ったんです。「歌わない」という選択肢もあったんですが、さださんは「歌手として歌を届けたい」と。内心、しんみりとした歌で終わるのかなと思っていたら、さださんが選んだのは『春爛漫』。軽快な歌を、しかも途中笑いを誘いながら歌ったんです。最後に楽しく明るい笑顔で終わったというのは、非常に印象的でした。ああ、自分たちが届けないといけないのは、こういうものなんだと、改めて気づかされました。

飯塚　『生さだ』は業界にもファンが多くて、番組内で「隠れ『生さだ』ファン大集合！」と題したコーナーをやったことがあるんですが、その時は五十音順に、赤坂泰彦さん、大杉漣さん、小田和正さん、佐渡裕さん、笑福亭鶴瓶さん、徳永英明さん、登坂淳一さん、中島みゆきさん、南原清隆さん、東山紀之さん、森山直太朗さん、吉永小百合さんの12名の方を紹介しました。吉永さんは番組に直筆ファクスを送ってくれたんですが、さださん、大事そうに持って帰りましたもん（笑）。

井上　松坂慶子さんはスペシャルに出ていただきましたし、他にも爆笑問題の太田光さんとか、日本ハムの栗山監督（当時）とか、いろんな方が観てくれているようです。

飯塚　正直なことを言うと、誰もこんなに続くとは思わなかったですね。だからみんなスライドして年を取ってしまった（笑）。みんな代わらずやってるもんだから、だんだん足腰立たなくなってきて……本当に深夜にやっていていいものか（苦笑）。

井上　さださん、僕より7つ上なんですけど、体力ありますね。鶴瓶さんがさださんのことを「落ち着きのないヤツ」と評してますけど、見ると本当にちょこちょこちょこちょこ動いている（笑）。あれ、体力がなければできません。本人にそのことを尋ねたことがあるんです。そしたら「自分は動いてないと逆に落ち着かない」と言ってましたね。あの元気さ、しゃべりの質、そして歌……僕からすると未来の「人間国宝」です。自分は今、そんな人の隣に座っているのかもしれない。たまにそんなことを考えます。

飯塚　さださんが「嫌だ」と言わない限り、これからも『生さだ』は続けていけるように頑張ります。皆さんもぜひご覧ください。……さださんはともかく、自分たちスタッフの体力が持つのか心配ですが（笑）。

おわりに

「どうして、あんな歌詞が書けるのだろうか」
「どうして、あんなに美しい日本語を紡げるのだろうか」
「どうして、あんなにライブのMCが面白いのだろうか」
「どうして、そんなに知識があるのだろうか」
「いったい、いつ曲を作っているのだろうか」
「いったい、いつ本を書いているのだろうか」
「なぜ、今もライブをあんなに続けるのだろうか」
「なぜ、素晴らしい新曲を生み出せ続けるのだろうか」
「なぜ、いつも周囲に多彩な顔ぶれの人たちが集まるのだろうか」
「なぜ、いつも面白がっていられるのだろうか」

この本を作るまでは、こうした疑問で頭の中がいっぱいでした。

「〃さだまさし〃って何だろう?」

これは答えのない疑問でした。

でもこうして最初の旅を終え、謎の一端は解明できたように思います。

この本からさださんの、生きるテクニックではなく、生きる〃様〃を感じ取ってもらえたら、幸いです。きっとそれは、皆さんの〃生きるヒント〃にも繫がるのではないでしょうか。

でも、僕が最初の企画書に書いた「〃さだまさし〃への旅」は、まだ始まったばかりです。こんな面白い旅、途中でやめるわけありません。

皆さんも一緒に、さらなる「〃さだまさし〃への旅」へ出かけましょう。

案内人　寺岡呼人

文庫版特別企画

俺は会社員なんだ。勝手に予定を入れるな！

吉田政美（グレープ）

さだの公式サイトで自身の出演を発見

さだと私のフォークデュオ・グレープが「デビュー50周年」ということで、2022年の秋から様々な活動を行なっています。当初は〝一夜限りの復活コンサート〟だけかと高を括っていたのですが、次々とグレープの活動に駆り出され、最近はさだの公式サイトのスケジュール欄をビクビクしながらチェックしています（苦笑）。

1972年に結成し、73年10月にレコードデビューしたグレープは、76年の4月に解散しました。以来、私はいろいろ経て、今は、レコード会社の制作部門で働いています。つまり会社員です。決して暇じゃないのに、知らぬ間にさだのスケジュール欄に「出演・グレープ」と書かれていることがあるんです。何の事前連絡もなしに！

2023年4月に、東京藝術大学の社会連携センター特別講座として、同大の奏楽堂で行なわれたコンサートへの出演もそうでした。

さだは、東京藝術大学社会連携センター客員教授でもあるし、友人の箭内道彦さん（東京藝術大学美術学部デザイン科教授）との企画です。電気代など光熱費の高騰が続く中、「～まさしと道彦の部屋～　電気代を稼ぐコンサート　LIGHT FOR ARTS‼」と題したコンサートは、収益を藝大の電気代に充当するというのですから、素晴らしいイベントです。

ところが、コンサートの式次第の「スペシャルゲスト」の欄には、前学長でヴァイオリニストの澤和樹さんや、落語家の立川談春さんらと並んで、「吉田政美（グレープ）」という名がある。私の都合を聞く前に、勝手にキャスティングされていたんです。

そのうち、さだから電話がかかってきて、「4月15日、土曜日だから空いてるよな？　スケジュール、入れといたから」なんて具合で。

おい、さだ。オレは会社員なんだぞ。デビュー50周年だからといって、勝手に予定を入れるんじゃない！

生放送の当日にラジオ出演をオファー

ラジオの出演もそうでした。「さだまさし　レコードデビュー50周年記念番組」として、2022年秋から、東海ラジオで『1時の鬼《き》の魔酔《まよ》い』という番組が始まりました。東海ラジオは、グレープの恩人ともいうべき存在です。

同ラジオの深夜番組『ミッドナイト東海』の中で、パーソナリティの蟹江篤子さんが、自分の担当する曜日で、毎回、グレープの『精霊流し』をかけてくれ、それがきっかけで曲がヒットしました。東海ラジオには、足を向けて寝られません。多忙なさだがこの機に東海ラジオで番組を持つのにも納得です。

だからといって、オレまで勝手に番組にブッキングしないでよ……（苦笑）。

『1時の鬼の魔酔い』は人気が高まり、3月から放送時間が深夜1時から夕方6時に移動、しかも全国7局ネットに拡大しました。

この拡大した局の中に文化放送が入っています。番組は原則、生放送。ある時、昼前に突然、さだから電話がかかってきました。

「今ね、文化放送にいるんだけど、18時から『1時の鬼の魔酔い』の生放送だから。来られるよね？　じゃあ、待ってるから」

そう告げられて、職場から近かったとはいえ、文化放送に向かってしまう私も私ですが、なぜかさだの〝無茶振り〟にはいつも付き合ってしまう。

この間、思い切って聞いてみたんです。なぜ勝手に他人のスケジュールを入れちゃうのか、と。貴重な50周年イヤーとはいえ、やりすぎですよね？

さだのヤツ、なんて答えたと思います？

「だってお前……来るじゃん！」

悪びれる様子もなく、こう言い放たれました（笑）。でもね、こんな頼み方は家族にくらいしかできませんから、特別な感情も湧いてきます。

さだには、こう言い返しておきましたけどね。

「行かないとお前、あとあとネチネチうるさいじゃん！」

グレープを解散した理由

もともと、さだとは高校2年の時に知り合いました。松本零士さんの『男おいどん』という漫画がありますよね？　主人公は、古ぼけた四畳半の下宿に住んでいますが、あいつの住んでいた市川の下宿は、まさに『男おいどん』の世界。1カ月くらい、その下宿に転がり込んで、一緒に暮らしたこともあります。下宿近くの定食屋さんで、一緒にアルバイトもしました。

そのあと、大学に進んださだは、体を壊して20歳の時に長崎に帰郷。私はプロのバンドで活動していたのですが、途中で嫌になり、何もかも投げ出して、さだ

吉田政美(よしだ・まさみ)

1952年新潟生まれ。さだまさしとフォークデュオ・グレープを結成し、1973年デビュー。解散後もメモリアルな場面で再結成。

のところへ逃げ込みます。

本人に直接確認したことはありませんが、さだはいずれ、音楽活動をひとりでやろうと思っていたようです。その準備もしていました。

そこに私が転がり込んできた。

高校時代から音楽の話をさだとしていました。あいつの作った曲を「これはいい」「これはどうか」と私がジャッジすることも多かった。多分、世間の反応を、私に見ていたのでしょう。そうこうしているうちに、さだから、

「2人でやらない？」

と誘われ、グレープが誕生したのです。

そのあとの活動の経緯は、皆の知るところですが、なぜ解散したかについては、あまり正確に伝わっていないかもしれませんね。

グレープ結成後、私たちは忙しくなりすぎて、さだはまた体調を崩してしまった。それで、しきりに休養したがっていたのだけれど、ノリノリの時期だったから、当時のレコード会社はそれを許してくれなかった。

それで、グレープの活動を終わりにするしか、さだには休養する手段がなかったんです。これがいちばんの理由です。

さだから、終わりを切り出された時、実は「そろそろ俺の役目は終わりかな」とも思ったんです。体調を崩したのは事実でしたが、そもそも、さだはひとりで音楽活動をやろうとしていた。そこにたまたま居合わせた私が加わった。ひとりでやろうとしていた当初の気持ちが高まってきたのかな？　そのようにも感じました。ケンカ別れしたわけでもなく、音楽性が食い違ったというようなことでもありません。

ちなみに音楽性でいうなら、私は「ジャズ」。さだの基本は「クラシック」。最初から異なる方向性の2人が組んだのがグレープでした。

ホテルのバーの「連名ボトル」で繋がり

解散したあと、定期的に会うとか、そういうことは一切ありませんでしたが、都心のホテルに、共通の行きつけのバーがありました。そこに、連名でボトルをキープしていたんです。ルールは簡単で「飲みきったほうがボトルを入れる」。しょっちゅう行くようなバーではありませんでしたが、それでも行くと、3回に1回は、さだとばったり会っていました。2人で会った時のルールは、「アレバダスの法則」。お金があるほうが支払いをするという決まりです。

私は、会社で後進を指導する立場にあったので、後輩たちをそのバーにもたまに連れて行きました。でも、そういう時に限ってさだに会わない。いたら、まとめて、おごらせたいのに（笑）。

さだとは何年も音信不通になることもありましたし、私から用もなく連絡を取ることもありません。偶然会ったら話し込む。そんな関係が心地好い距離感です。

50周年イヤーにおけるグレープの再結成の話については、〝諸説〟あります。以前、都内のホテルでさだと食事をする機会がありました。さだには「この時、吉田が言い出した」ということでネタにされているんですが、どうやらここで、50周年におけるグレープの再結成が決まったようです。

ただしお互い酔っていたので、真相はよく覚えていない（笑）。

それで、2022年の11月3日、グレープ結成50周年となるこの日に、かつて解散ライブを行なった「神田共立講堂」（東京）での一夜限りの復活コンサートを開催したんです。

解散後も、何かの折に呼ばれて一緒に演奏したことはあったんですが、あくまでレコーディングやコンサートの「ゲスト」としての参加でした。

解散から15周年目の1991年に、新鮮なグレープ（葡萄《ぶどう》）が、15年でレーズン（干し葡萄）になったという言葉遊びで、一緒に「レーズン」の名でアルバム（『あの頃について〜シーズン・オブ・レーズン〜』）を出しましたが、これはいっときの洒落《しゃれ》。グレープ結成50周年という節目の復活は、重みが違いました。

さだが、現役バリバリのプロ野球選手だとすると、こっちは「野球経験あり」というだけの草野球選手。特に、解散後もギターを弾き続けてきたわけではありません。そんな自分が期間限定とはいえ、「グレープ」としてお客さんの前に立っていいものか。私なりの逡巡《しゅんじゅん》がありました。

一方で、50年以上もさだが音楽活動を続けていることに対しての敬意もあります。同世代では森山良子さん（67年デビュー）や財津和夫さんのチューリップ（72年メジャーデビュー）、山下達郎さん（73年シュガー・ベイブを結成）、小田和正さん（70年にオフコースでデビュー）らがまだまだ現役で頑張っています。60年以上も歌手活動を続けた加山雄三さん（61年デビュー）のようなレジェンドもいます。

ここまで長く、一線で活躍できるのはほんの一握りです。さだの頑張りに少しでも報いたいという気持ちもありました。どんなワインだって——グレープも、50年も寝かせれば、まろやかないい味が熟成されることでしょうから。

今まで見たことがない「さだの表情」

11月の復活コンサートは、「GRAPE 50年坂 一夜限りのグレープ復活コンサート」と銘打たれました。

1曲目は、われわれを象徴する曲『精霊流し』です。

さだの『精霊流し』を聴いている方にとっては、前奏はさだのヴァイオリンというイメージが強いと思いますが、グレープのバージョンは、私のギターから入ります。

この時、「トレモロ」という技法を使うのですが、簡単にいうと、小刻みに弦を連打する弾き方。高速で指を動かす必要があり、ブランクが長い人にとっては失敗する可能性が高い奏法です。久しぶりに大観衆の前で演奏するだけでも大変な緊張だというのに、1曲目のド頭が私のギターからだったんです。

コンサートが決まってから、必死で練習しましたが、眠れぬ日々が続きました。当日のことは今もほとんど思い出せません。記憶が飛んでしまうほど緊張していたんだと思います。

コンサートが終わってから、スタッフに当日の映像を借りて、改めて確認したのですが、自分の拙い演奏以上に驚いたことがひとつありました。

さだは、私がトレモロを弾いている時、本当に嬉しそうに私のほうを見つめていたんです。温かく見守る菩薩《ぼさつ》のような……。さだのあんな表情は今まで見たことがありません。その笑顔を見られただけでも、大変な思いをしたけど、やってよかったと思いました。

それで、「一夜限りのグレープ復活コンサート」は、会場の都合もあり、15時に開演し、夜になる前に終わりました。すると、大盛況だったためか、どこからか「一夜はまだ終わっていない」という声が聞こえ始めました。たしかに、夜にならないうちにコンサートは終演しましたから、その屁理屈《へりくつ》も理解できないわけではありません。

こうして、今に至るまで、あれよあれよとグレープの〝再始動〟が続いているわけです。

「吉田にボツにされた」とネタに

2023年2月には、約47年ぶりとなるグレープ名義でのアルバム『グレープセンセーション』がリリースされました。

全10曲中、『精霊流し』『縁切寺』『無縁坂』の3曲をセルフカヴァー。残り7

曲が、このアルバムのために作られたオリジナル曲です。

半世紀前のグレープ時代は、詩と曲はほとんど、さだが作っていました。共同で作ったことはありません。

今回は無茶振りが飛んできました。

「吉田も曲……書いてよ」

私もソロアルバムを出したことはありますが、もう四十数年前のこと。作曲を続けてきたわけでもありません。それでも何とか『花会式』という曲を作りました。他にも全10曲中の2曲のメインボーカルを私が担当しました。

無茶させるでしょ？「この曲には吉田の声が合う」なんて、スタッフやさだから言われたら、やらざるを得ませんから。

でもね、さだに言わせると、「俺のほうが被害者」。方々で、ネタにされていますが、「新曲を吉田に2曲、ボツにされた」と言うんです。

さだが言うには、アルバムに入れる予定だった曲のうち2曲について、私がダメ出ししたらしいんです。でも、プロに向かってダメ出しなんてするはずないじゃないですか。真相は、ただ「どう？」と聞かれ、首を縦に振らなかっただけなんですがね……。すぐにネタにしちゃうんだから、あいつは。

というのも、さだと私は高校の頃から互いに曲を聞かせ合う関係で、あいつは曲ができると、まず私に聞かせたんです。私がそれを褒めないと、知らないうちにお蔵入りになっていたこともありました。

グレープ結成後も、同じようにさだの作った曲を私がジャッジしていました。今回も同じように受け止めてしまったのでしょうか（笑）。

ヴィクトル・ユゴーの境地に

2023年の4月には、大阪・フェスティバルホールで、さだのコンサートが2日続けて開催されました。私はゲストとして呼ばれ、グレープの曲を披露しました。

この時、アンコールでね、客席にスタンディングオベーションが起きたんです。結成時やレーズンの時にも、こんな盛大なアンコールを受けた記憶はありません。

身震いしました。大阪の大きな会場に足を運んでくれたお客さんたちが、グレープの復活を大歓迎してくれた。こんなにありがたいことはありません。

これで終幕となれば私の愚痴が出ることもないんですが、ご存じのように続きがあります。

さだは6月にソロアルバム『なつかしい未来』をリリースし、それを引っさげて、全国ツアーに挑みます。東京や大阪などの大都市圏は、なんと各4公演。ところが、その初日のプログラムが、「グレープナイト」と銘打たれていたんです。これもいつの間にか決まっていたというか……。この先、何が勝手に組まれているのかわからないので、最近はさだのホームページを開かないようにしています。

それでも、さだなりに気を遣ってくれているようで、カウントダウンコンサート当日には、「テリーズテリー」というテリー中本さんによる最高級のギターをプレゼントしてくれました。自分では手の届かない金額の代物です。これも外濠《そとぼり》を埋めようというさだの戦略かもしれませんが（笑）。

『レ・ミゼラブル』で有名なフランスの文豪ヴィクトル・ユゴーが、こんな言葉を残しています。

〈喜びとは、苦悩の大木に実る果実である〉

このところ、さだのせいで、苦悩と苦労の連続ですけど、集まってくれる人たちの声援を耳にして、ユゴーの境地にようやく至ったような気がします。

また、この年齢になっても、毎年、アルバムを出し、たくさんのコンサートを続けているさだの偉大さを改めて実感しました。

それにしても、ただでさえ忙しいのに、ここ数年はさらにドラマやCMに出たり、ナレーションをやったりと大変そうですよね？

ですから、ある時、こう言ってやりましたよ。

「なんで、お前、そんなに働いているの？　もしかして、また借金できた？」

さだまさしとゆかいな仲間たち

さだまさしの「生き方」や「考え方」に共感し、それを世の中に広めようという有志たちの集まり。

さだまさし

シンガーソングライター・小説家。長崎県生まれ。1973年、フォークデュオ・グレープとしてデビュー。76年にソロとなり、『雨やどり』『秋桜』『関白宣言』『北の国から』など数々の国民的ヒット作品を発表する。2001年『精霊流し』で小説家としての活動を開始。『解夏』『眉山』『かすてぃら』『ちゃんぽん食べたかっ！』などのベストセラーを生む。NHK『今夜も生でさだまさし』のキャスターとしても人気を博す。2015年、一般財団法人「風に立つライオン基金」を設立（2017年7月公益財団法人として認定）。様々な助成事業や被災地支援事業を行なう。コンサート回数は前人未到の4600回を超える。

構成
角山祥道
カバー写真協力
江森康之
デザイン
三木俊一（文京図案室）

―――本書のプロフィール―――

本書は、二〇一八年十月に小学館より単行本として刊行された作品に加筆・修正し、書き下ろし原稿を新たに収録して文庫化したものです。

小学館文庫

うらさだ

著者　さだまさしとゆかいな仲間《なかま》たち

二〇二三年七月十一日　初版第一刷発行

発行人　大澤竜二
発行所　株式会社 小学館
〒一〇一-八〇〇一
東京都千代田区一ツ橋二-三-一
電話　編集〇三-三二三〇-五五三五
販売〇三-五二八一-三五五五
印刷所――――大日本印刷株式会社

この文庫の詳しい内容はインターネットで24時間ご覧になれます。
小学館公式ホームページ　https://www.shogakukan.co.jp

ISBN978-4-09-407272-3